LA RAZÓN DE ESTADO
Y EL NUEVO ORDEN
GLOBAL

-

FRANCISCO GARCÍA PIMENTEL RUIZ

A mis padres, a quien debo luz en la vocación; apoyo y confianza en el estudio y guía y ejemplo en deber. Las palabras siempre serán insuficientes.

A mis profesores, quienes supieron enseñarme mucho más que las nociones de derecho, justicia , estudio y prestigio profesional que han de encaminar mis pasos toda la vida.

A mis compañeros de toda la vida, que me han acompañado desde el ABC hasta la carrera que culmina con esta Tesis. Cuenten conmigo.

A los valientes que han sido y serán mis alumnos y alumnas: ustedes serán mis mejores profesores por el resto de mi vida.

ÍNDICE

"There is no horror, no cruelty, sacrilege, or perjury, no

imposture, no infamous transaction, no cynical robbery, no

bold plunder or shabby betrayal

that has not been perpetrated by the representatives of the

states, under no other pretext than those elastic words,

so convenient and yet so terrible: "for reasons of state"[1].

---

[1] *No hay horror, crueldad, sacrilegio, perjurio, difamación, transacción infame, cínico hurto, saqueo descarado o traición mezquina que no haya sido perpetrada por los representantes de los Estados, bajo ningún otro pretexto que esas elásticas palabras, tan convenientes y, sin embargo, tan terribles: "Por Razón de Estado".* BAKUNIN, Michel, apud CHOMSKY, Noam, *For Reasons of State*, The New Press, Canada, 2003, p. iii

INTRODUCCIÓN

¿Cuál es el mejor gobierno?

El que nos enseña a gobernarnos a nosotros mismos.

Johann W. Goethe

Durante el año pasado, tuve el honor de prestar mis servicios en una dependencia del Poder Ejecutivo Federal. Como es natural, me dispuse orgullosamente a aportar mi grano de arena en el gobierno. Estaba seguro de que desde allí podría generar un gran bien a la sociedad, trabajando codo a codo con las personas que deciden día a día el destino de nuestro país.

La experiencia, sin embargo, no fue tan maravillosa como esperaba. Antes de que me diera cuenta por completo, estaba instalado en el intrincado engranaje de la burocracia. Durante ese tiempo, tuve oportunidad de conversar con diversos servidores públicos de todos los niveles sobre los objetivos que perseguían, los fines de la

7

misma dependencia y sus expectativas como servidores públicos. Algunos supieron decirme, con punto y coma, los objetivos *inmediatos* de la dependencia, los números, las estadísticas y sus tareas. Otros manifestaron sus esperanzas de alcanzar un puesto mejor remunerado en la siguiente administración. Algunos más, los que llevaban más tiempo trabajando, se limitaron a decir, con absoluta indiferencia, que llevaban *tantos* años allí, y que no sabían hacer otra cosa, y esperaban pacientemente su retiro.

De veintitantos servidores públicos con los que tuve oportunidad de dialogar, ninguno mencionó, ni siquiera por asomo, un concepto cercano al bien común ni a nada que se le pareciera. Parecían estar convencidos de que su tarea estaba al servicio de la administración misma, y no al servicio de la sociedad.

Esta idea es un síntoma —espero que sólo sea eso- de una enfermedad más grave: los gobernantes no saben realmente lo que están haciendo. Saben el *qué* y, si tenemos suerte, el *cómo*. El *por qué* y el *para qué* no están en sus glosarios.

La Razón de Estado, como se verá a lo largo de la tesis, es un concepto político que engloba el *qué*, el *cómo*, el *por qué* y el *para qué* del gobierno y el poder, y los dirige a la realidad concreta del haber cotidiano.

El tema de la Razón de Estado, el gobierno y el poder, ha apasionado a cientos de estudiosos y filósofos durante varios siglos. Y es que razonar sobre un principio que ponga límites claros al irresistible magnetismo del poder ha sido siempre una preocupación natural de los ciudadanos justos, y un planteamiento jugoso para los que no lo son tanto.

El término en sí es escurridizo, y se ha prestado a lo largo de la historia para justificar cualquier cantidad de tropelías. El tema, pues, es antiguo como la civilización y actual como la necesidad de definir el papel del Estado en el mundo globalizado. El debate está abierto en los foros del planeta, y cuando se debate un tema, la

9

primera cosa inteligente por hacer es establecer perfectamente los conceptos sobre los cuales se debate, so pena de caer en un debate infructuoso y ciego.

Esta tesis pretende definir y ubicar con claridad el término y los alcances de la Razón de Estado, con el objetivo de facilitar el diálogo de las naciones y el estudio del fenómeno del poder.

En un momento histórico en que la democracia se ha convertido en el paradigma del gobierno ideal, es indispensable recordar que la opinión de la mayoría no hace la verdad, y que los gobernantes están llamados a ver con claridad que existen realidades que no son opinables, que no son susceptibles de votación y que no son populares; pero que son esenciales para el desarrollo sano del ser humano, de la familia, la sociedad y el planeta.

Por eso, esta tesis es un llamado a la congruencia y a la sensatez de los gobernantes, que en algunas ocasiones parecen olvidar los fines propios del gobierno, y las razones del poder. Y cuando olvidan eso, como un barco que olvida su derrotero, fácilmente se pierden en las mareas de la política, el bien inmediato y la popularidad, arrastrando con ellos a la sociedad que les ha confiado el mando.

El mundo cambia a velocidades nunca antes vistas, y exige más preparación y más conciencia en la toma de las decisiones que incumben a la *res publica*. A veces parece que lo único que pedimos los gobernados es que nos dejen vivir en paz, trabajar y buscar el bien de cada uno de nosotros. Parece ser que a veces nos atrevemos a afirmar: *está bien que robes y que mientas – todos los políticos lo hacen- mientras cumplas con tus mínimas obligaciones y nos dejes vivir tranquilos.* Pero las cosas que no están bien nunca estarán bien hasta que los que, en un estado democrático, hagamos valer el estado que la sociedad debe de tener por su propia naturaleza.

Ya no soy servidor público, y no sé si algún día lo sea de nuevo. Estoy seguro de que todos –o la mayoría de- los burócratas con los que tuve el placer de entrevistarme están trabajando con absoluta buena intención y rectitud de conciencia. Creo que el hacerles recordar las *razones* por las que están trabajando, por las que sudan, se preocupan y se desvelan, les ayudará a soportar la dura carga y a visualizar con más optimismo su función en la sociedad. Por eso, quiero añadir un renglón más a las dedicatorias, con gran cariño:

A los servidores públicos y gobernantes: Porque la responsabilidad que tienen en sus manos no es cosa pequeña. Háganse dignos de la confianza de un país que agoniza en la desconfianza.

I.
SOBRE LA RAZÓN DE ESTADO

1. ORIGEN DEL TÉRMINO.

El estudio y discusión de la Razón de Estado tuvieron un amplio desarrollo durante los siglos XVI y XVII en Europa y, singularmente, en Italia, en donde una gran cantidad de autores ocuparon un lugar dentro del ambiente político que siguió a las tendencias reformistas de los protestantes. Tras la creación de las Iglesias Luterana y Anglicana, la Iglesia Católica vivió una etapa en que se cuestionó fuertemente su legitimidad como autoridad supranacional, y se comenzó a forjar una conciencia de identidad nacionalista en los Estados nacientes y en los que ya existían. La separación de este punto de referencia y unidad que era la Iglesia Católica, sumada a las ideas de Maquiavelo sobre los medios que debían usar los gobernantes para alcanzar y mantener su gobierno, empujaron al pensamiento occidental hacia una nueva realidad más práctica y fría, que se opuso diametralmente a los ideales clásicos del renacimiento.

Cundió en esa época el término de la Razón de Estado, que se entendía como *todas las especies y fuerzas de los artificios relacionados con todos los asuntos de los Estados, las maneras de conseguirlos y consolidarlos*[2].

Era común por esos años el que un Estado estuviera constantemente en guerra, y que sus principales ciudades se hallaran bajo sitio o bajo la presión política, económica o militar de alguna otra potencia. Era una época, podemos decir, de gran agitación ideológica y bélica, en donde los monarcas eran atacados constantemente, poniendo, en esos trances, en gran peligro tanto al gobierno como al Estado mismo.

«Vacilante ya el concepto de unidad, los nuevos Estados de Europa necesitaron alún principio que justificara su herejía —su separación con respecto de la

---

[2] ZINANO, Gabriele, *La Razón de los Estados*, Italia, 1626, apud BOZZA, Tomasso, *Serittori Polotici Italiano del 1550 al 1650*, edit. Di stori e letteratura, Roma, 1980, apud GUTIÉRREZ, Hernán, *Notas Preliminares*, en *La Razón de Estado*, de SETTALA, Ludovico, Fondo de Cultura Económica, México, 1988, p. 23.

15

obediencia al sucesor de San Pedro- *y regulara sus relaciones. Lo encontraron en los conceptos de raison d'ètait y de equilibrio del poder. Cada uno dependía del otro. La raison d'ètait afirmaba que el bienestar del Estado justificaba cualesquiera medios que se emplearan para promoverlo; el interés nacional suplantó el concepto medieval de moral universal. El equilibrio del poder reemplazó la nostalgia de una monarquía universal por el consuelo de que cada Estado, buscando sus propios intereses egoístas, de alguna manera contribuiría a la seguridad y al progreso de todos los demás[3]».*

No es raro, por tanto, hallarnos con la figura de la Razón de Estado, con la que los más de los teóricos del Estado, que apoyaban a sus respectivos príncipes y monarcas, buscaban legitimar sus acciones políticas, tanto al interior como al exterior del propio Estado.

El concepto de Razón de Estado, aunque ya está esencialmente expuesto en Maquiavelo, y materialmente estudiado en el libro quinto de la

---

[3] KISSINGER, Henry, *La Diplomacia*, Fondo de Cultura Económica, México, 1996, p. 53.

Política de Aristóteles, nace con el sentido actual en la *Oración a Carlos V para la restitución de Piacenza*, escrita por el monseñor Giovanni Della Casa, secretario de Estado del Papa Paulo IV, en virtud del despojo que había hecho la corona española a la Iglesia de Roma desde ese feudo.

En la literatura política el término es puesto en circulación con el título del libro de Giovanni Botero de Bene aparecido en 1589, quien lo utiliza para demostrar "los métodos verdaderos y reales que debe aplicar un príncipe para engrandecerse y gobernar exitosamente a sus súbditos", en oposición a Tácito y Maquiavelo, quienes fundan la razón de Estado, uno "en la poca conciencia" y el otro describiendo "vívidamente las artimañas utilizadas por el emperador Tiberio"[4].

Como se ha comentado, la Razón de Estado tuvo una amplia discusión durante los siglos XVI y XVII. Prueba irrefutable de ello es la gran

---

[4] Cfr. GUTIÉRREZ, Hernán, en Notas Preliminares a *La Razón de Estado* de SETTALA, LUDOVICO, Ludovico, Fondo de Cultura Económica, México, 1988, p. 23.

cantidad de publicaciones que se llevaron a cabo. Debido a la imposibilidad material de estudiarlas todas a fondo, baste aquí el relacionar algunas de ellas, las más conocidas, con el objetivo único de ilustrar sobre la cantidad y la importancia que tuvo este tema en una época en que el alcance y mantenimiento del poder no era asunto de poca monta.

AÑO	AUTOR	PUBLICACIÓN
1552	Lucio Paolo Rosellini	El Retrato del verdadero Gobierno del Príncipe
1561	Giovanni Barnardo Gualandi	Diálogo sobre el óptimo príncipe.
1561	Gioban Battista Pigna	El Príncipe
1562	Marc´Antonio Natta	Sobre la Educación de los Príncipes
1565	Pietro Bizarri	El Óptimo Príncipe

1577	Paolo Arrighi	Sobre la bondad del Príncipe
1581	Giromalo Manfredi	La Religión Cristiana del Príncipe
1590	Bernardo Baldi	La felicidad del príncipe
1590	Antonio Parto	El Prudente Gobierno del Príncipe
1590	Ciro Spontone	La corona del príncipe
1592	Serafino Galván	La dignidad del príncipe y los recursos para administrar correctamente la república
1597	Girolamo Fracheta	El príncipe en cuanto Gobierno del Estado
1598	Sperone Speroni	La primacía de los príncipes
1600	Lelio Zecchi	El príncipe y la administración del principado

1607	Paolo Ciera	El derecho de los príncipes
1619	Roberto Bellarmino	El oficio del príncipe cristiano
1619	Raimondo Silvestri	La educación del príncipe
1620	Giulio Cesate Capaccio	El príncipe
1624	Francesco Lanario	Del príncipe y de la guerra
1628	Tommaso Rocabella	El príncipe deliberante
1629	Adeoato Solera	El príncipe vigilante
1629	Raféale Rostelli	La guía del príncipe
1630	Giacinto Gucci	El príncipe cristiano político
1631	Ambrogio Marliani	Panorama político de un príncipe
1632	Tommaso Rocabella	El príncipe moral
1632	Federico	La Gracia de los

	Borromeo	Príncipes
1633	Tommaso Rocabella	El príncipe práctico
1634	Valeriano Castiglio	El príncipe
1634	Ludovico Caracciolo	El príncipe niño
1634	Giovanni Celso	El príncipe según tácito
1637	Paolo Giuseppe Meroni	El óptimo príncipe
1638	Giovanni Battista Crisci	La luz de los príncipes
1642	Leone Zambelli	La esfera celeste y la política del príncipe.
1643	Francesco Guazzo	El perfil del príncipe
1643	Tommaso Tomasi	El príncipe estudioso
1649	Salvatore Cadana	El príncipe reinante
1652	Flavio Fieschi	El príncipe hechizado

		por un favorito
1652	Salvatore Cadana	El príncipe informado[5]

Junto con estas variadas publicaciones, se editaron también disertaciones que, en oposición a Tito Livio, utilizado por Maquiavelo, estudiaban la política y poder de Cornelio Tácito; así como desarrollos sobre los temas de Aristóteles y consideraciones sobre el Estado ideal. No hace falta reproducir aquí todos esos títulos, pero baste la mención para ilustrar al lector sobre el punto ya citado.

2. LA BUENA Y LA MALA RAZÓN DE ESTADO: REVISIÓN DE LOS TÉRMINOS.

Por supuesto, la acción política[6], como todo acto humano, no puede estar exenta de valoración

---

[5] GUTIÉRREZ, Hernán, *Op. Cit., p. 24.*
[6] Nos referimos aquí al término *política* en su acepción más común: Actividad de los que gobiernan o aspiran a gobernar los asuntos que afectan a la sociedad o a un país (Diccionario de la Real Academia Española de la

moral. Un acto político puede ser, efectivamente, bueno o malo, según confluyan en el fines, medios y circunstancias buenos o malos, respectivamente.

Bajo el óculo de esta consideración, se ha insistido en distinguir dos *tipos* o *formas* de Razón de Estado, en función de los medios que utilizan y del fin que persiguen. *Si el príncipe emplea la verdadera prudencia y las justas estratagemas para conseguir el bien público y privado de los súbditos en la adquisición y conservación del Estado, será buena; y, si quiere valerse del arte astuto y malicioso para su propio interés, será mala y reprobable*[7].

Se ha distinguido, pues, la *buena* Razón de Estado, de la *mala*, según sea su fin justo o injusto; pero esta es una línea delicada y difícil de distinguir, y raramente el gobernante realizará acciones que a

Lengua, Vigésima Primera Edición, tomo II, Madrid, 1992.).

[7] MIRANDOLA, Antonio, *La Razón de Estado del Gobernador de Judea en la Pasión de Jesucristo*, 1630, apud BOZZA, Tomasso, *Serittori Polotici Italiano del 1550 al 1650*, edit. Di stori e letteratura, Roma, 1980, apud GUTIÉRREZ, Hernán, *Notas Preliminares*, en *La Razón de Estado* de SETTALA, Ludovico, Fondo de Cultura Económica, México, 1988, p. 23.

23

simple vista sean malas, sino que buscará engañar y complacer a su pueblo con distintas argucias, de manera que lo injusto parezca justo y el vicio tenga apariencia de virtud.

Lamentablemente, en realidad se ha optado más por utilizar el término de *Razón de Estado* en su sentido negativo[8], con el objetivo de legitimar acciones que ya Aristóteles consideraba tiránicas. Tal tendencia no ha cambiado mucho con los años. La *Razón de Estado* se levanta comúnmente sobre fundamentos aberrantes, intereses equivocados y ejemplos carentes de dignidad.

Con más precisión, podemos decir que la Razón de Estado ha servido para legitimar aquellos actos del gobernante que están fuera de la ley. Desde luego, conviene al gobernante que las leyes se cumplan y respeten y, como tal, procurará respetarlas y cumplirlas, mientras no le perjudiquen, *pero si llega el momento en que la observancia de las leyes puede afectarlo, entonces echa abajo las leyes y deja que todo*

---

[8] Cfr. CHOMSKY, Noam, *For Reasons of State*, The New Press, Canada, 2003, p. Iii y ss.

se rija por la razón de Estado. Ahora bien, como los casos que caen bajo las leyes son infinitos y pocos son, en cambio, los casos de la razón de Estado, el tirano obra a su antojo; y, sin embargo, a la muchedumbre poco avezada le parece bueno y justo[9].

Por tanto, es nuestra opinión que la terminología que se refiere a la *buena* y la *mala* razón de Estado, ha sido cotidianamente mal utilizada en la teoría política clásica. Y ha sido mal utilizada porque se le ha querido dar el nombre de Razón de Estado a realidades que, como veremos en los párrafos siguientes, no lo son; sino que, al hacerse llamar de esta manera, buscan una legitimación social, aún cuando les faltan fundamentos políticos, filosóficos y morales.

Nicolás Maquiavelo suele reconocerse como el *padre* de la Razón de Estado tal y como la conocemos. En su obra *El Príncipe* desarrolla una amplia gama de posibles métodos para conseguir, mantener y perpetuar el gobierno en un Estado. Maquiavelo fundamenta su desarrollo filosófico en

---

[9] SETTALA, Ludovico, *op. cit., p. 41.*

25

lo que él considera que sucede *en la realidad*, sin detenerse a ponderar debidamente la justicia, el bien o la virtud, sino sólo la conveniencia personal del gobernante, que debe de aprovecharse de los fenómenos sociales (*es necesario considerar que los pueblos son volubles por naturaleza; es fácil convencerlos de algo, pero difícil mantenerlos convencidos*[10]), de la maldad (*el príncipe que quiera seguir siéndolo, debe aprender el arte de no ser bueno, y utilizar este arte según sea conveniente*[11]) y la crueldad (*No hay que olvidar, por tanto, que al apoderarse de un Estado, el príncipe deberá estudiar muy bien el monto de la crueldad que deberá aplicar, pues se puede considerar que la crueldad es empleada correctamente cuando se ejecuta con sorpresiva rapidez*[12]) para su propio engrandecimiento y riqueza.

Sin embargo, nos parece que, más que Razón de Estado, Maquiavelo propone una idea de lo que podríamos llamar, suponiendo sin conceder, *razón del tirano*, o *razón del poderoso*, dado que no hace

---

10 MAQUIAVELO, Nicolás, *El Príncipe*. Cap. VI.
11 MAQUIAVELO, Nicolás, Op. Cit. Cap. XV.
12 MAQUIAVELO, Nicolás, Op. Cit. Cap. VIII.

más que exponer algunos métodos para desarrollar un gobierno que se mantenga con fortaleza en el poder.

¿Y no es eso la razón de Estado? Nos parece que no, dado que todo eso –el gobierno, la autoridad, el poder público– no es el Estado, sino solamente uno de sus elementos. El Estado es *una comunidad organizada en un territorio definido, mediante un orden jurídico, con poder público autónomo, que tiende a realizar el bien común en el ámbito de esa comunidad*[13]. Existe toda una discusión histórica sobre el término *Estado*, y sería ocioso referirnos a ella en su totalidad. Sin embargo, esta definición nos parece la más completa, dado que incluye los elementos subjetivos, objetivos, jurídicos y la causa final del Estado.

Aunque el análisis propio de la causa final del Estado, que es el bien común, queda pendiente en este estudio, diremos, por lo pronto, lo

---

[13] SÁNCHEZ AGESTA, Luis, *Teoría y realidad en el Conocimiento Político*, Granada, Universidad de Granada, 1944, p. 83.

siguiente: no puede ser llamada Razón de Estado cualquier argucia o método que persigue un fin distinto al fin propio del Estado.

El término de Razón de Estado ha sido de tal manera manipulado que parece ser una razón plena para la acción política o de gobierno en casi cualquier sentido. Por eso, si queremos relacionar las definiciones clásicas de *Buena* y *Mala* Razón de Estado con la Razón de Estado Verdadera, encontraremos que, sencillamente, la *mala* Razón de Estado no es, de ninguna manera, Razón de Estado; y la *buena* Razón de Estado es, por tanto, la *única* Razón de Estado aceptable tanto conceptual como doctrinalmente.

Afirmamos, en este sentido, que el concepto de *mala* Razón de Estado es intrínsecamente contradictorio, como sería contradictorio hablar de una *mala* justicia. Se habla, simplemente, de *justicia.* Una justicia *mala*, por sólo ese hecho, dejaría de ser justicia. En este mismo sentido, una supuesta Razón de Estado que es mala o que no persigue los fines debidos no será jamás Razón de Estado, por más que quieran llamarle así.

3. EL *DEBER SER* DE LA RAZÓN DE ESTADO SEGÚN SU PROPIA TERMINOLOGÍA.

La verdadera Razón de Estado debe, según nuestra consideración, contemplar dos aspectos generales y fundamentales, que se derivan lógicamente de su propia denominación.

a) Debe ser *Razón*.

El término *Razón* aduce a gran diversidad de conceptos distintos, aplicables en diferentes campos según el entorno en que se establece. Puede entenderse la *razón* como la *facultad* humana para discurrir, o como el *acto* mismo de dicho discurso. También se entiende *razón* como un *argumento* o *demostración* que se aduce en apoyo de algo, o como el *motivo* o *causa* propios de alguna cosa o acción[14].

En el caso del concepto *Razón de Estado*, debemos entender la palabra *razón* como sinónimo de *motivo* o de *causa*. La Razón de Estado debe de estar supeditada al motivo y causa del Estado en sus dos extremos. Esto es, debe atender tanto al motivo causal –por qué– como a la causa final –para qué– de el Estado. Sobre las causas del Estado discurriremos en la segunda parte de este corto tratado.

El argumento de la Razón de Estado será valido, por tanto, siempre y cuando se halle fundamentado en las razones del Estado y no se oponga a la razón humana.

b) Debe ser *de Estado*.

---

[14] Diccionario de la Real Academia Española de la Lengua, Vigésima Primera Edición, tomo II, Madrid, 1992. Pueden verse estas y otras acepciones de la palabra razón y sus usos.

Al Estado le compete la salvaguarda de sus propios elementos e instituciones. La Razón de Estado debe mirar por los intereses materiales y metafísicos de los hombres que componen al Estado. Los demás elementos –el orden jurídico, el territorio, el gobierno– sólo se entienden en razón de el elemento constitutivo principalísimo del Estado, que es la persona humana, y en torno de éste se ordenan. El conjunto de condiciones que favorecen el desarrollo de las capacidades y derechos de los seres humanos dentro del Estado se denomina Bien Común. *El bien común... ha de respetar el conjunto de las condiciones sociales que permitan y faciliten, en los seres humanos, el integral desarrollo de su persona*[15] El Bien Común de las personas que componen al Estado debe ser el objetivo final de toda acción política.

Es por eso que la Razón de Estado puede tener distintas aplicaciones próximas: mantener la forma de gobierno, proteger el territorio, mantener el orden jurídico. Todo esto, sin embargo, no

---

[15] Juan XXIII, *Pacem in Terris*, n. 43

31

puede ir *en contra* de los hombres, dado que el gobierno, el territorio y la ley están allí para servir al hombre, y no el hombre a ellos. Dicho contrasentido sería opuesto a toda razón natural y al fin del Estado.

Toda acción política que tuviera como finalidad la salvaguarda del gobierno, del orden jurídico, económico, ecológico o material, pero que no mirara por el bien del hombre, no sólo no sería Razón de Estado, sino que estaría directamente *en contra* de la Razón de Estado: sería una acción plenamente contraria a la naturaleza y fines de la comunidad política y, por tanto, no sólo no será benéfica, sino completamente reprobable.

Es por eso que –insistimos– la llamada *mala* Razón de Estado no es, de manera alguna, Razón de Estado, sino un argumento sofista que busca motivar válidamente un acto injusto y con fines personales o partidistas, que se vulneran profundamente la naturaleza propia del Estado.

4. CONCEPCIÓN VÁLIDA DE LA RAZÓN DE ESTADO.

En este punto, hemos analizado la Razón de Estado según sus orígenes y su terminología, y hemos tratado de argumentar sobre la inaplicabilidad de los términos *buena* y *mala* Razón de Estado, proponiendo como conclusión a ese asunto una concepción única de Razón de Estado, que siempre ha de ser buena en tanto que se ordena al bien de la comunidad política en su totalidad.

Por tanto, nos aventuramos a proponer un concepto que, si bien no se opone del todo al concepto clásico de Razón de Estado, si procura precisar más sobre su naturaleza.

Razón de Estado es la política y regla con la que se dirigen y gobiernan los asuntos que conciernen al logro y conservación del bien común del Estado.

Con este concepto trabajaremos en los capítulos que siguen, procurando acercarlo cada vez más a la realidad concreta que es el Estado actual.

33

II.

SOBRE EL ESTADO, LA SOLIDARIDAD Y LA RAZÓN DE ESTADO

1. NOCIÓN Y ELEMENTOS DEL ESTADO.

Hemos analizado hasta ahora algunos conceptos que conciernen a el término de *Razón de Estado* en sí mismo y, específicamente, al concepto de *razón*. Ahora nos abocaremos a realizar un estudio sucinto del Estado *per se*, de sus causas primeras y últimas en el entorno material y metafísico, así como de su papel en el desarrollo de las potencias propias del ser humano, desarrollo tal que atañe directamente a la Razón de Estado como objeto definitivo de su realización histórica.

El Estado puede analizarse o conceptualizarse desde distintos puntos de vista, que apuntan a diferentes realidades de un mismo objeto sin contradecirse necesariamente. Como afirma Agustín Basave Fernandez del Valle en su libro *Teoría del Estado*: "El historiador, el economista, el político y el jurista la definen desde sus respectivos miradores"[16], y estos miradores no hacen sino observar distintas facetas de un mismo concepto.

El concepto de Estado ha desarrollado, a lo largo de los años, una evolución errante que ha sufrido no pocas batallas ideológicas. Es por eso que consideramos, en algún sentido, peligroso establecer una definición que pretenda ser definitiva y excluyente. Sin embargo, nos arrojaremos a señalar una definición amplia y generalmente aceptada, para luego descomponerla en sus elementos, sobre los cuales derramaremos un estudio y análisis más profundos.

"Estado es la organización de un grupo social, establemente asentado en un territorio determinado, mediante un orden jurídico servido por un cuerpo de funcionarios y definido y garantizado por un poder público, autónomo y centralizado que tiende a realizar el bien común"[17].

[16] BASAVE Fernández del Valle, Agustín, *Teoría del Estado,* Jus, México, 1985, p. 119.
[17] SÁNCHEZ AGESTA, Luis, citado por BASAVE Fernández del Valle, Agustín, en *Teoría del Estado,* Jus, México, 1985, p. 121.

Los elementos del Estado, según lo visto, son los siguientes:

1. Un grupo social que conforma la población del Estado. Es el principal de los elementos y según el cual se da existencia y forma al Estado. Es un elemento anterior al propio Estado.
2. Un territorio determinado.
3. Un orden jurídico unitario que resulta de un derecho fundamental o constitución.
4. Un poder jurídico autónomo; independiente al exterior y supremo al interior.
5. Una tendencia esencial a la realización del bien común, pues *si el hombre es un ser esencialmente moral, también tendrán ese carácter las sociedades en que participa.*[18]

He aquí que en la definición misma del Estado, en su *esencia*, encontramos su fin determinante, que

---

[18] BASAVE Fernández del Valle, Agustín, *Teoría del Estado*, Jus, México, 1985, p. 121.

38

anima la actividad de su gobierno y da sentido a la ley[19], y ese fin es el bien común.

2. NOCIÓN DE BIEN COMÚN.

Dentro de este estudio sobre los fines propios del Estado, nos parece obligado el detenernos a considerar la realidad final de todo Estado y de toda sociedad política, que es el Bien Común. Toda naturaleza obra por un fin, que es la causa de las causas. *"Todo lo que existe está ordenado a su fin. La razón de ser de la naturaleza propia de cada una de las cosas existentes se halla en la finalidad para la cual está ordenada. Por eso, la perfección de la naturaleza en todos y cada uno de los seres no es otra cosa que la realización de su fin propio"*[20]. Por tanto, para determinar cuál es el bien de cada cuál, es preciso atender a la naturaleza

---

[19] STO. TOMÁS de Aquino, citado por BASAVE Fernández del Valle, Agustín, *Teoría del Estado,* Jus, México, 1985, p. 130.
[20] Casares, Tomás, *La Justicia y el Derecho,* Abeledo Perrot, 3a edición,Buenos Aires, 1974, p.119.

de las cosas, pues el bien de cada cosa, tiene relación directa con lo que se es.

De esto se nos arroja un nuevo concepto: *la perfección del Estado es la consecución de sus fines* o, dicho de otro modo, *el Estado perfecto es aquél que alcanza su fin.* Y ¿cuál es ese fin que es perfección plena del Estado? –El Bien Común. Aristóteles afirma, por su parte, que todas las comunidades humanas apuntan a algún bien[21]; idea que subraya la perfección final de el Estado.

Si la sociedad –elemento subjetivo y principal del Estado– es el conjunto de seres humanos, el bien de la sociedad o la noción del Bien Común Político se extrae de la noción de lo que es el hombre y sus perfecciones. El fin de la sociedad no puede ser distinto al del hombre, porque ésta no es más que la suma de individuos, fuera de ellos, no existe sociedad; es un accidente, un ser en otro, en la sustancia – la persona -. Es contrario a la razón proyectar o imaginar un Estado sin seres humanos: un Estado vacío, muerto, sin sentido.

---

[21] ARISTÓTELES, *Política*, Libro Primero, I.

El bien del Estado es el bien de las personas que lo forman. No de sus montañas o sus leyes; sino de las personas. Pero, ¿acaso todas las personas son iguales, y aspiran a un mismo bien, y tienen los mismos fines? Ciertamente no, pues cada persona es un ente distinto, con naturaleza individual, separada esencialmente de la de los demás seres humanos.

Por eso el Estado, como tal, no puede compartir el mismo fin que todos sus habitantes, pues decir eso sería lo mismo que decir que el Estado tiene diversos fines; miles de ellos; tantos fines como tantas personas le formen. Y eso es, a todas luces, ilógico y falso.

El Estado, como comunidad política organizada, no puede aspirar a otra cosa que a *proveer un entorno favorable para que cada individuo alcance sus fines propios.* En este contexto, debemos asumir una perspectiva real de la jerarquía en los fines del Estado y de la persona humana. El fin individual de una persona humana es más importante que el fin del Estado en sí mismo. El Estado no tiene, en

41

cuanto ente político, trascendencia metafísica propia; no tiene, estrictamente hablando, vida propia, ni alma, y el ser humano sí la tiene. Es por eso que el Estado no puede ser otra cosa que *un medio* para que la persona humana realice sus fines tanto materiales como inmateriales. El Estado adquiere valor y perfección en tanto que favorece la perfección y trascendencia de las personas que conforman la sociedad. Ese es su fin último.

A este conjunto de condiciones que, dentro de un Estado, favorecen el desarrollo y perfeccionamiento de las potencias humanas, tanto físicas como sociales y espirituales, le llamamos *Bien Común*. Es, en otras palabras, *la plenitud ordenada de los bienes necesarios para la vida humana perfecta en el orden temporal*[22].

¿Podemos decir que el bien común coincide con el bien del hombre? Parcialmente sí, en un

---

[22] PINTO, Fray Mario Agustín, *La noción de bien común según la filosofía tomista*, en *Prudentia Iuris*, III, Revista de la Facultad de Derecho y Ciencias Políticas de la Pontificia Universidad Católica Argentina Santa María de los Buenos Aires, abril 1981.

terreno temporal, pues esas condiciones que son de todos –son comunes– son buenas para cada uno; y parcialmente no, pues existen bienes supraterrenales a los que todo hombre está llamado, y que el bien común no alcanza.

El fin de cada persona rebasa en mucho el fin del Estado pues, en el mejor de los casos, éste será solo un medio que favorezca o un obstáculo que dificulte el fin del hombre, pero jamás el fin del Estado o su consecución real podrá determinar al ser humano a alcanzar o no su fin particular. Ciertamente, el ser humano puede realizar sus fines aunque se halle en un Estado en el que no se observa el bien común; así también, una persona puede desaprovechar las condiciones favorables que se dan en un Estado, y no alcanzar su fin particular.

Es por eso que el fin del Estado no tiene la trascendencia que tiene el fin del ser humano, y no diremos que un Estado es imperfecto o ineficaz cuando algunos pocos dejan de alcanzar su fin particular; ni el Bien Común es la suma de los bienes particulares. El Estado ha de aspirar a proporcionar un ambiente y unas condiciones que favorezcan el bien del hombre, pero no puede el Estado coaccionar al hombre para que éste alcance la felicidad, la tranquilidad, o un bienestar integral. Es por eso que la tarea del Estado es coadyuvante a la tarea del ser humano, sin que por ello substituya a la voluntad humana en la búsqueda del su fin propio.

Hemos dicho que el bien común se conforma de una serie de *condiciones* o *bienes* que favorecen el desarrollo y perfección de las potencias humanas. ¿Y cuáles son esas condiciones? ¿Qué es –dicho de otro modo– lo que ayuda al hombre a lograr sus fines particulares y que, por ese mismo hecho, debe ser buscado como fin del Estado?

Intentaremos hacer una clasificación general de las condiciones que debe encerrar el bien común. Quede claro que esas condiciones no son iguales en todos los Estados, sino que cambian. El bien común evoluciona; es un concepto metafísico que debe encontrarse enclavado en una realidad histórica determinada.

Se podría desarrollar una extensísima clasificación de elementos o bienes que conforman el bien común, como lo hace Hector H. Hernández en el libro *Valor y Derecho*[23]. Optamos aquí por una clasificación muy general, extraída de la misma obra, que nos ayudará a observar qué tanto existe en un Estado el bien común.

Entre los elementos del bien común podemos considerar:

1. Acceso a los bienes de primera necesidad: alimento, vestido y habitación.
2. Acceso a servicios de salud operantes.
3. Acceso a niveles de educación general y superior.
4. Acceso a fuentes de trabajo remunerador.
5. Orden y paz social.

---

[23] HERNÁNDEZ, Héctor, *Valor y Derecho*, Abeledo-Perrot, Argentina, C. IV.

6. Respeto e igualdad jurídica y social entre sexos, razas y condiciones.

7. Existencia y mantenimiento de un medio ecológico sano.

8. Certeza y seguridad jurídicas.

9. Desarrollo cultural y artístico sano.[24]

En estos nueve elementos se conjuga el concepto básico de bien común. Algunos son de naturaleza material y otros de naturaleza inmaterial. De estos elementos se desarrollan otros, como el esparcimiento, que fácilmente se fomentan cuando existen los elementos básicos que ya señalamos.

En términos generales podemos afirmar que el Estado en que se conjuguen los elementos mencionados sigue el derrotero correcto hacia la consecución de los fines de sus habitantes y que, por tanto, existe en ese Estado el bien común.

3. BIEN COMÚN Y ESTADO DE DERECHO.

---

[24] *Ídem.*

Al estudiar los fines del estado, existe el riesgo de reducir el bien común y las condiciones que éste engloba para sustituirlo por la idea del estado de derecho.

De esta forma, se podría creer que el bien común se fomenta exclusivamente a través del derecho positivo – esto es, a través de más leyes, más reglamentos, más prohibiciones, más mandamientos-. Por lo menos, es fácil llegar a creer tal cosa cuando se observa el obrar diario de los gobernantes y legisladores en la mayoría de los países.

A nuestro parecer, ésta es una idea plenamente positivista, que no abarca en absoluto la realidad de bien común, pues pretende que por el solo estado de derecho (que, ciertamente, es uno de los elementos del bien común), el Estado alcanza sus fines.

A nosotros nos parece claro que el concepto de bien común incluye diversos elementos que son metajurídicos, que escapan a la mano del derecho por encontrarse en una esfera interna, moral o espiritual de las personas y que no pueden ser objeto de coacción o reglamentación alguna.

Aún más: el hecho de que, por ejemplo, exista una ley que otorgue el derecho de una vivienda digna a todos los habitantes, no asegurará, por el sólo hecho de existir, las condiciones para que, en efecto, todos los habitantes de un Estado tengan vivienda digna. Esto nos hace ver que la ley ni siquiera asegura los elementos materiales necesarios para un estado de bien común.

El estado de derecho es aquel en que, dentro de una sociedad, las normas justas se cumplen cabalmente, y favorece en gran medida el logro del bien común, sin lograr por ese solo hecho su verdadera consecución.

Esto no debe hacer que miremos con desconfianza a las leyes e instituciones. Las leyes son el camino correcto para ordenar las voluntades individuales dentro de una sociedad, y establecer el derrotero del estado en el océano de la historia. La ley es apenas brújula y octante: nunca puerto.

Cabe, pues, insistir en que el bien común es el verdadero fin del Estado, y es su logro un verdadero logro del espíritu social de la humanidad entera.

4. RAZÓN DE ESTADO Y BIEN COMÚN.

Pues, si vuestro reino no queréis perder
emplead vuestro poder en hacer
justicias mucho cumplidas;
que matando pocas vidas corrompidas
todo el reino a mi creer
salvaréis de perecer[25]

Admitido que la finalidad del Estado es la consecución del bien común, y que esta finalidad está determinantemente inmersa en su esencia, debemos de admitir que cualquier razón que se oponga al bien común se opondrá, por eso sólo, al Estado en sí mismo.

---

[25] MENDOZA, Fray Íñigo de, Regimiento de Príncipes a Isabel la Católica, en SILVA, Emilio, PE. *Legitimidad de la pena de muerte*, Parroquial de Clavería, México

49

Es en este punto en el que confluyen clara y definitivamente los conceptos de Razón de Estado y Bien Común, pues a esta altura del estudio nos es claro que la razón de Estado no puede dirigirse sino al fin del Estado, que es el bien común.

A lo largo de la historia, la razón de Estado se ha convertido en estandarte de diversos gobernantes que, bajo su sombra, se atreven a las mayores injusticias pretendiendo que no hay mayor fin del Estado que el mantenimiento de su gobierno. ¿Acaso no será detestable el padre de familia que sacrifica a su familia para vivir él? ¿Acaso el gobernante que busca su bien sobre el de sus gobernados no es una aberración de naturaleza monstruosa que destruye, desgasta y ultraja el poder que le ha sido conferido para tornarlo en tiranía de valía nula? ¿Y no es acaso el gobernante electo que así actúa, una criatura ingrata que torna los votos de sus gobernados en balas certeras en contra de aquellos que le dieron poder y confianza?

La Razón de Estado ha sido malentendida de manera reiterada. El gobierno de un Estado no *debe*, aunque pueda, cometer actos *ilegales*, aún si tal acción se realizase supuestamente para alcanzar un bien mayor. *La Razón de Estado debe de ser la regla en donde la ley abre la puerta a la discrecionalidad del gobernante.* Jamás la razón de Estado puede estar al servicio del gobierno solo, o de una sola esfera social, ni mucho menos de una sola persona, dado que el bien de uno ha de subordinarse al bien de muchos.

La Razón de Estado debe de ejecutarse siempre dentro de los límites que marca la ley, dado que entendemos que la Razón de Estado debe de ordenarse al bien común, y que la seguridad y certeza jurídicas forman parte de el mismo bien común. Por ello, la Razón de Estado que se opone a la ley con miras al bien común es, necesariamente, una Razón de Estado cuyo fundamento es incongruente.

Sin embargo, no hay que olvidar que la ley positiva y legítima suele otorgar ciertas facultades discrecionales a los gobernantes. Tal es la discrecionalidad que debe de regirse por una Razón de Estado lógica, justa, congruente, razonada y razonable.

Podemos hablar, por citar algunos ejemplos, de la guerra justa, en que se pierden vidas en busca de un bien mayor; o de la revolución justa[26]; o de la pena de muerte[27] en algunos casos; o de los estados de excepción en que los derechos fundamentales de coartan a favor de un bien mayor: aquellos casos en que la ley *expresamente* tolera un mal menor por un bien mayor[28]. En estos casos, en donde la discrecionalidad es la ley, el gobernante debe de

---

[26] Para revisar el tema de las revoluciones justas, acudir a BASAVE Fernández del Valle, Agustín, *Teoría del Estado*, Jus, México, 1985, c. XI.

[27] Sobre este tema, SILVA, Emilio, PE. *Legitimidad de la pena de muerte*, Parroquial de Clavería, México.

[28] Sólo por citar un ejemplo, la Constitución Política de los Estados Unidos Mexicanos, señala en su Art. 29: *en los casos de invasión, perturbación grave de la paz publica, o de cualquier otro que ponga a la sociedad en grave peligro o conflicto, solamente el Presidente de los Estados unidos Mexicanos, de acuerdo con los titulares de las secretarias de estado, los departamentos administrativos y la Procuraduría General de la Republica y con aprobación del congreso de la unión, y, en los recesos de este, de la comisión permanente, podrá suspender en todo el país o en lugar determinado las garantías que fuesen obstáculos para hacer frente, rápida y fácilmente a la situación (...).*

aprender a emplear, con seguridad de mando y con claridad de razón y conciencia, la Razón de Estado, para que su gobierno sea pleno de desarrollo y avance con paso firme hacia el fin del Estado, que es el bien común.

5. RAZÓN DE ESTADO Y SOLIDARIDAD.

...determinación firme y perseverante de empeñarse por el bien común; es decir, por el bien de todos y cada uno, ya que todos somos verdaderamente responsables de todos[29].

La solidaridad es, junto con el Bien Común, uno de los principios básicos de la concepción de la organización social y política[30], y constituye *el fin y el motivo primario del valor de la organización social*[31]. Su importancia es radical para el buen desarrollo de una doctrina social sana, y es de singular interés

---

[29] JUAN PABLO II, Enc. *Sollicitudo rei socialis*, 38.
[30] Cfr. Encíclica *Centessimus Annus*, 10,3.
[31] Carta Apostólica *Octagesima Adveniens*, 26.

para el estudio del hombre en sociedad y de la sociedad misma.

a. Origen del Término.

La palabra *solidaridad* proviene del sustantivo latín *soliditas*, que expresa la realidad homogénea de algo físicamente entero, unido, compacto, cuyas partes integrantes son de igual naturaleza[32]. La teología cristiana adoptó por primera vez el término *solidaritas*, aplicado a la comunidad de todos los hombres, iguales todos por ser hijos de Dios, y vinculados estrechamente en sociedad. Entendemos, por tanto, que el concepto de solidaridad, para la teología, está estrechamente vinculado con el de fraternidad de todos los hombres; una fraternidad que les impulsa buscar el bien de todas las personas, por el hecho mismo de que todos son iguales en dignidad gracias a la realidad de la filiación divina.

---

[32] GUTIÉRREZ García, José Luis, *Introducción a la Doctrina Social de la Iglesia*, Ariel, Barcelona, 2001, p. 56.

En la ciencia del Derecho, se habla de que algo o alguien es solidario, sólo entendiendo a éste dentro de «un conjunto jurídicamente homogéneo de personas o bienes que integran un todo unitario, en el que resultan iguales las partes desde el punto de vista de la consideración civil o penal»[33]. Dentro de una persona jurídica, se entiende que sus socios son solidarios cuando todos son individualmente responsables por la totalidad de las obligaciones. Para el derecho, la solidaridad implica una relación de responsabilidad compartida, de obligación conjunta.

La Doctrina Social de la Iglesia entiende por solidaridad «la homogeneidad e igualdad radicales de todos los hombres y de todos los pueblos, en todos los tiempos y espacios; hombres y pueblos, que constituyen una unidad total o familiar, que no admite en su nivel genérico diferencias sobrevenidas antinaturales, y que obliga moral y gravemente a todos y cada uno a la práctica de una cohesión social, firme, creadora de convivencia.

---

[33] GUTIÉRREZ García, José Luis, *Op. Cit.* p. 57.

55

Cohesión que será servicio mutuo, tanto en sentido activo como en sentido pasivo[34]». Podemos entender a la solidaridad como sinónimo de igualdad, fraternidad, ayuda mutua; y tenerla por muy cercana a los conceptos de «responsabilidad, generosidad, desprendimiento, cooperación, participación[35]».

En nuestros días, la palabra *solidaridad* ha recuperado popularidad y es muy común escucharla en las más de las esferas sociales. Es una palabra indudablemente positiva, que revela un interés casi universal por el bien del prójimo.

Podríamos imputar el resurgimiento casi global del sentir solidario, a la conciencia cada vez más generalizada de una realidad internacional conjunta, de un destino universal, de una unión más cercana entre todas las personas y todos los países, dentro del fenómeno mundial de la *globalización*. Esta realidad ha sido casi tan criticada como aplaudida

---

[34] *Ibid*, p.57.
[35] VILLAPALOS, Gustavo, *El Libro de los Valores*, Planeta, Barcelona, 1997[4], p.15.

en todas sus manifestaciones. Buena o mala, la globalización es una realidad actual, verdadera y tangible.

La globalización puede definirse, parcamente, como la «intensificación de la interconexión global[36]», o más precisamente como «la intensificación de las relaciones sociales mundiales que enlazan sitios distantes de forma tal que los sucesos locales están influidos por acontecimientos que ocurren a muchos kilómetros de distancia, y viceversa[37]»

«La globalización no es una elección. La globalización existe. Es una realidad. La unificación de los mercados, la integración de los sistemas económicos, los efectos de la nueva revolución científica, tecnológica e industrial, son una realidad, que si bien es cierto, tiene aspectos negativos, no es

[36] HEMUDA, Roberto, *Globalización: el gran signo de nuestros tiempos (una visión filosófica jurídica)*. Tesis profesional. Universidad Panamericana, México, 2004, p. 36, apud TOMLINSON, John, *Globalización y Cultura*. Oxford, México, 2001, p.39.
[37] HEMUDA, Roberto, *idem.* apud TOMLINSON, John, Op. Cit. p.39.

menos cierto que está llena de posibilidades positivas[38]». Creemos que, precisamente una de las consecuencias favorables que nos ha ganado la globalización es, precisamente, una visión más conjunta del mundo entero; un sentido de solidaridad mayor entre los hombres. De pronto, los niños en Ruanda no se sienten tan lejanos; los cañones de guerra en el Medio Oriente también aturden nuestros oídos; el maremoto en Asia sacude nuestra respiración, las bombas en Londres indignan nuestro sentido social.

Desgraciadamente, esta conciencia de *solidaridad* universal suele reducirse a una buena intención, una aberración lejana y sentimental hacia las injusticias sociales, hacia la pobreza o el hambre. Y este sentimiento que arroja nuestras esperanzas hacia un país lejano, tal vez arranque de nosotros la capacidad de observar las necesidades de los seres humanos que lloran a nuestro lado todos los días.

---

[38] HEMUDA, Roberto, *idem.*

Es por esto que la solidaridad debe ser desarrollada y promovida en todos sus ámbitos y en cada una de sus escalas. La solidaridad debe mirar tanto por el prójimo más cercano como por el hermano más distante, puesto que todos formamos parte de la misma realidad de la naturaleza humana en la tierra.

La solidaridad es una palabra de unión. Es la señal inequívoca de que todos los hombres, de cualquier condición, se dan cuenta de que, ya sea con o sin su consentimiento, no están solos; y de que la sociedad les presta y facilita los medios para desarrollar plenamente sus potencias.

La solidaridad, por tanto, se desprende de la naturaleza misma de la persona humana. El hombre, social por naturaleza, debe de llegar a ser, razonada su sociabilidad, solidario por esa misma naturaleza. "La palabra *solidaridad* reúne y expresa nuestras esperanzas plenas de inquietud, sirve de estímulo a la fortaleza y el pensamiento, es símbolo de unión para hombres que hasta ayer estaban alejados entre sí"[39]. Es la solidaridad el modo natural en que se refleja la sociabilidad: ¿para qué somos sociales si no es para compartir las cargas, para ayudarnos, para crecer juntos? Como ya veremos, la solidaridad es algo justo y natural; no es tarea de santos, de virtuosos, de ascetas, de monjes, de políticos; es tarea de hombres.

Es también muy claro en el estudio de la solidaridad que este concepto no pertenece exclusivamente a la doctrina cristiana. La solidaridad, como hemos dicho, es una necesidad universal, connatural a todos los hombres.

¿Qué significa ser solidarios? Significa compartir la carga de los demás. Ningún hombre es una isla. Estamos unidos, incluso cuando no somos conscientes de esa unidad. Nos une el paisaje, nos unen la carne y la sangre, nos unen el trabajo y la lengua que hablamos. Sin embargo, no siempre nos damos cuenta de esos vínculos. Cuando nace la solidaridad se despierta la conciencia, y aparecen entonces el lenguaje y la palabra.

---

[39] TISCHNER, Jòsef, *Ética de la Solidaridad*, Encuentro, Madrid, 1983, p. 8.

En ese instante sale a la luz todo lo que antes estaba escondido. Lo que nos une se hace visible para todos. Y entonces el hombre carga sus espaldas con el peso del otro. La solidaridad habla, llama, grita, afronta el sacrificio. Entonces la carga del prójimo se hace a menudo más grande que la nuestra[40].

Sólo aquél que no sepa observar la natural sociabilidad del hombre podrá negar, equivocadamente, la necesidad natural de la solidaridad.

Al sistema de orden social que vive la real solidaridad se le conoce como *solidarismo*. El solidarismo, «a diferencia del unilateralismo, del individualismo y el colectivismo, hace justicia a la doble vertiente de la relación individuo y sociedad: del mismo modo que el individuo se halla ordenado a la comunidad por efecto de su tendencia social esencial, también la comunidad, que no es otra cosa que los individuos en su vinculación comunitaria, se encuentra ordenada a

---

[40] TISCHNER, Jòsef, *Ética de la Solidaridad*, Encuentro, Madrid, 1983, pp. 9-10.

los individuos, de los cuales está compuesta y en los cuales y para los cuales existe, a la vez que sólo realiza su sentido en y a través de la plena realización personal de los mismos»[41].

3. Fundamentos.

La verdadera solidaridad, aquella que está llamada a impulsar los verdaderos vientos de cambio que favorezcan el desarrollo de los individuos y las naciones, está fundada principalmente en la *igualdad radical* que une a todos los hombres. Esta igualdad es una derivación directa e innegable de la verdadera *dignidad* del ser humano, que pertenece a la realidad intrínseca de la persona, sin importar su raza, edad, sexo, credo, nacionalidad o partido.

Juan Pablo II lo expresa claramente. *«El ejercicio de la solidaridad dentro de cada sociedad es válido sólo*

---

[41] RUIZ DE GARCÍA PIMENTEL, Yolanda. *Nota Técnica de la Dirección de Desarrollo Científico del IPADE (P) EPSN-1*, p. 29.

cuando sus miembros se reconocen unos a otros como personas»[42]. Aquí el término *persona* aparece para llamar nuestra atención hacia un aspecto que es esencial dentro de un estudio bien encausado de la solidaridad. La solidaridad en el sentido que nosotros la entendemos existe sólo entre *personas*.

Se ha querido aplicar algunas veces la palabra *solidaridad* a la relación que puede existir, por ejemplo, entre un ser humano y un animal o, aún más ampliamente, entre un ser humano y su entorno ecológico. Nosotros no podemos concebir una solidaridad verdadera entre un humano y un animal, sino acaso una relación de mutua necesidad o de interdependencia; la misma que encontramos en el hombre que cuida la naturaleza; pero no podemos llamar a eso, de ninguna manera, *solidaridad*.

La solidaridad, esencialmente, debe ser dirigida al ser humano. La persona humana es principio y fin de la solidaridad. Por persona humana entendemos, sin entrar en debates, lo que la

---

[42] JUAN PABLO II, Enc. *Sollicitudo rei socialis*, 39.

63

filosofía tradicional ha recogido de Boecio: sustancia individual de naturaleza racional (*rationalis naturae individua substancia*)[43], y que posteriormente adoptó Santo Tomás[44]. La naturaleza humana, en efecto, es una naturaleza racional, pero no la única según la filosofía[45]. Sin embargo, cuando en este tratado nos refiramos a ese término, lo haremos con respecto de la naturaleza racional humana.

El acto solidario debe ser hecho en beneficio de una persona, ya sea directa o indirectamente. De esta manera, puedo verdaderamente ayudar a otras personas si favorezco el cuidado de un ecosistema, para que otros puedan disfrutar ordenadamente de sus beneficios. El ser humano puede servirse de todos los bienes naturales, de manera ordenada, para su beneficio. Desde este punto de vista, la naturaleza no puede ser para la solidaridad un fin, sino un medio. A fin de cuentas, el ser humano es

---

[43] BOECIO, *De duabus naturis et una persona Christi, C.3.*
[44] S. TOMÁS DE AQUINO, *Summa Theol Logiae,* 1ra parte, cuestión 29, art. 2.
[45] ADAME Goddard, Jorge, *Filosofía Social Para Juristas,* McGraw Hill, México, 1998, p 84.

quien debe recibir el bien, ya sea de manera directa o indirecta.

La solidaridad nace del ser humano y se dirige hacia el ser humano. Siempre ha sido una exigencia de convivencia entre los hombres. Pero no hay que confundir tampoco a la solidaridad con la caridad pura, o con la liberalidad. La solidaridad es, en sentido estricto, una relación de justicia: *¿por qué solidaridad? (…) solidaridad, porque es lo justo*[46], porque todos vivimos en una sociedad; porque todos necesitamos de todos, porque estamos juntos en este barco de la civilización; porque somos seres humanos, iguales en dignidad y derechos. La solidaridad es justa porque los bienes de la tierra están destinados al bien común, al bien de todos y cada uno de los hombres, y los que, dada su buena fortuna, tienen más, están obligados a aportar más en favor de otras persona y de la sociedad en general[47].

---

[46] TISCHNER, Jòsef, *Ética de la Solidaridad*, Encuentro, Madrid, 1983, pp. 14-15.
[47] Cfr. *Catecismo de la Iglesia Católica*. Puntos 2419-2439.

La solidaridad, pues, es justa y, por lo tanto, moralmente obligatoria en todos los casos, aparte de aquellos en que la ley la contempla y la hace jurídicamente obligatoria.

Quede sentado, pues, que, en principio, la solidaridad es una relación entre seres humanos, derivada de la justicia, fundamentada en la igualdad, en la cual uno de ellos toma por propias las cargas de el otro y se responsabiliza junto con éste de dichas cargas.

Posteriormente el cristianismo vino a completar este concepto. *Amarás a tu prójimo como a ti mismo*, dicen los evangelios[48], para añadir a las relaciones de justicia estricta, un nuevo elemento: *la caridad*.

Para el cristiano, la solidaridad no se reduce a dar *lo justo*, lo mínimo exigible, ni a dar *lo que me sobra*, sino

---

[48] *Llegó también un escriba que los había oído discutir; y viendo lo bien que Él les había respondido, le propuso esta cuestión: "¿Cuál es el primero de todos los mandamientos?" Jesús Respondió: "El primero es: <<Oye Israel, el Señor Nuestro Dios, un solo Señor es. Y amarás al Señor tu Dios con todo tu corazón, y con toda tu alma, y con toda tu fuerza>>. El segundo es: <<Amarás a tu prójimo como a ti mismo>> No existe mandamiento mayor que éstos" (Mc, 12,28-31).*

que el concepto de amar al prójimo va más allá. A la pregunta *¿por qué solidaridad?* El cristiano deberá responder: *por que es lo justo, y porque amo al hombre.* Para el cristiano, la justicia no es medida plena de la solidaridad, sino solo su exigencia mínima. La solidaridad, justa de por sí, se hace plena y se enriquece con las nociones de amor, caridad y entrega.

Así, el cristianismo hace más completo el concepto de solidaridad, y lo convierte en una ferviente entrega personal al bien del prójimo.

Propongamos, pues, el concepto final de solidaridad, y sobre el cual vamos a tratar en los siguientes puntos:

La solidaridad es una relación entre seres humanos, derivada de la justicia, fundamentada en la igualdad, enriquecida por la caridad, en la cual uno de ellos toma por propias las cargas de el otro y se responsabiliza junto con éste de dichas cargas.

Y dicha relación, entendida únicamente en el entorno del ser humano, puede llevarse a cabo en tres niveles distintos, según se relacionen, respectivamente, un hombre con otro, un hombre con su sociedad o una sociedad con otra.

c. Solidaridad entre Individuos.

Se entiende que la práctica de la solidaridad requiere, necesariamente, de más de un individuo. Dos seres humanos podrían ser solidarios si vivieran solos en una isla desierta, tanto como una persona que vive en una comunidad inmensa puede ser solidaria al colaborar con la buena alimentación de los niños de un país que está a kilómetros de distancia. Desde luego, la forma más simple, pura y cercana de la solidaridad la encontramos entre seres humanos próximos, en una relación personal de dos individuos.

Para buscar una solidaridad con alcance social, que tenga repercusión tangible en la comunidad, no podemos dejar de lado la solidaridad personal entre individuos que se saben iguales. Sería mentira decir que nos preocupamos por *la sociedad*, o por *los necesitados* en general, si cuando se nos presenta la ocasión de ayudar a una sola persona necesitada, no adoptamos una verdadera actitud solidaria. *El empeño por la solidaridad social adquiere valor y fuerza en una actitud de solidaridad personal*[49].

La solidaridad, ya lo hemos dicho, se enriquece y alcanza su plenitud cuando se le adhiere la virtud de la caridad, cuando se realiza por amor, cuando se convierte en entrega. *Nadie ama más que el que da la vida por sus hermanos.* El verdadero amor al prójimo, la verdadera caridad y entrega, se manifiestan en eso: en *dar la propia vida.* No sólo bienes materiales, sino la vida entera. Desde este punto de vista, uno de los mayores ejemplo de solidaridad y entrega en nuestros tiempos tal vez lo encontremos en la Madre Teresa de Calcuta, quien no conoció límite alguno para esa entrega personal a los necesitados[50].

---

[49] COLOM, Enrique, *Curso de Doctrina Social de la Iglesia*, Palabra, Madrid, 2001, p.73.
[50] La Madre Teresa de Calcuta fundó una congregación llamada las Misioneras de la Caridad. Su trabajo inicial fue el de enseñar a leer a los niños pobres de la calle. En el año 1950, la Madre Teresa empezó a ayudar a las personas enfermas de lepra. En el año 1965, el Papa

La solidaridad (…) se practica sin distinción de credo, sexo, raza, nacionalidad o afiliación política. La finalidad sólo puede ser el ser humano necesitado[51]. Comprendemos que para que haya solidaridad se requieren dos personas: una necesitada y otra solidaria. Pero el solo *dar*, o *ayudar*, no es lo más difícil. La parte difícil comienza cuando se nos presenta el dilema de ayudar sin recibir nada a cambio; de ayudar *aunque nadie se entere*, ni aún la persona a la que ayudamos. Esto es: ser solidarios por una verdadera convicción de igualdad y de justicia. Es difícil ser caritativos, solidarios, entregados, y ser, al mismo tiempo, totalmente desinteresados.

Lo que debe empujar a un hombre a ser verdaderamente solidario no es, no puede ser, la

---

Pablo VI colocó a la congregación de las Misioneras de la Caridad bajo el control del Papado y autorizó a la Madre Teresa a expandir la Orden religiosa en otros países. Alrededor de todo el mundo se abrieron centros para atender leprosos, ancianos, ciegos y personas que padecen del SIDA y se fundaron escuelas y orfanatos para los pobres y niños abandonados que aún hoy funcionan.

[51] JUAN PABLO II, D. a Obispos de la I y VII/ Región de EE.UU.,9-9-1988.

posibilidad de un beneficio personal, sino la verdad de que esa otra *persona* es precisamente eso: *persona*. La convicción de *igualdad* y la virtud de la *caridad* –que tratamos en párrafos anteriores- son las que deben impulsar un acto solidario.

Y, si la solidaridad no es impulsada por la convicción y la virtud, ¿qué sucede? Cuando a un acto *materialmente* solidario le falta alguno de estos dos elementos, está viciado y no puede llamársele *formalmente* solidaridad. Aquél que da una billete de cincuenta pesos a un pordiosero, *materialmente* hace algo bueno: el pordiosero podrá comer o comprarse unos zapatos; pero si este acto lo hace para que otras personas lo vean, para aparentar caridad, para ganar unos cuantos votos, entonces ese acto, que es *materialmente* bueno y solidario, se convierte no sólo en un acto deplorablemente infructuoso, sino además en un acto definitivamente egoísta, que lejos de engrandecer a la persona, la empobrece.

La solidaridad debe ser en todas las personas una constante. Ser una realidad diaria. Así como dentro del matrimonio la solidaridad entre los cónyuges se realiza y perfecciona todos los días en todos los detalles de la vida cotidiana, así la disposición de solidaridad con otras personas debe ser parte inamovible de nuestros actos diarios. Debe convertirse en hábito, en virtud, en *modus vivendi*. La solidaridad no es una serie de actos aislados encaminados a ayudar al prójimo. La solidaridad, vista como virtud, es una actitud personal, una disposición constante y perpetua de tomar responsabilidad por las necesidades ajenas.

La solidaridad, en este sentido, implica en gran medida el olvido de sí mismo y de las propias necesidades, para empujar al espíritu humano a realizarse en la entrega a los demás.

Desafortunadamente, las corrientes ideológicas modernas, aunque han conseguido ya, en teoría, la igualdad de todos los seres humanos, no han favorecido del todo la solidaridad. Reina en la mente de las personas la idea casi inamovible de que la solución a los problemas de la sociedad está en el liberalismo absoluto: en dejar hacer y dejar pasar. En otras palabras, es mucho más fácil para cualquier persona cerrar los ojos a las necesidades sociales y trabajar exclusivamente para el bien propio, sin más obligación que *no quebrantar la ley*. Esta es una concepción de la justicia que es casi universal hoy en día. La justicia, para las personas, es sólo entendida en sentido *negativo*, esto es: la justicia es una exigencia de *no hacer mal* a los demás –no robar, no matar, no explotar, etc.–. Por lo tanto, puede parecer al que así lo entienda que el hacer algo *positivo* –dar algo a alguien, ayudar, colaborar, trabajar para los demás– está más allá de la justicia y que es, en todo caso, una acción magnánima, generosa y plausible. Esta es una idea decididamente inaceptable.

La justicia exige a todos los hombres el dar a cada quien lo que por derecho le corresponde. Ese *dar* a las personas lo que les corresponde según su dignidad de seres humanos es parte de la justicia, y no es una acción caritativa verdadera sino hasta que sobrepasa a la exigencia llana de la justicia.

Pero esto no se logra, en definitiva, sino hasta que todos tenemos la plena convicción de que todos los hombres somos iguales, que los bienes están destinados realmente a todos, y que todos somos verdaderamente responsables de todos. La solidaridad entre individuos es la primera y la más importante, puesto que en ella se fundan los otros dos tipos. Todos los tipos de solidaridad nacen de la misma convicción de igualdad de todos los hombres.

d. Solidaridad En Sociedad.

La primacía de la solidaridad entre individuos no resta importancia a la real necesidad de impulsar la solidaridad de escala social. <<*Los problemas socio-económicos sólo pueden ser resueltos con ayuda de todas las formas de solidaridad: solidaridad de los pobres entre sí, de los ricos y los pobres, de los trabajadores entre sí, de los empresarios y de los empleados, solidaridad entre las naciones y entre los pueblos>>*[52]. La solidaridad a gran escala está íntimamente ligada con aquélla entre individuos, y en ella funda su verdadero valor.

Aún más: la solidaridad entre personas individuales, entre seres humanos iguales, de uno a uno, debe tender necesariamente a la solidaridad de escala social. La verdadera solidaridad encuentra su mayor solaz en el crecimiento de su campo de influencia. Con esto, podemos afirmar que la solidaridad es una virtud que, si no se desarrolla, se pierde. Para la solidaridad, hay sólo dos opciones: crecer o morir.

Pero este crecimiento en el campo de influencia de la solidaridad entraña un serio peligro, pues también puede suceder que, al ampliar los alcances de una tendencia solidaria, se pierda la intensidad de esta disposición; se difumine su fuerza; se borre poco a poco su verdadera efectividad, para convertirse en un malestar personal por los males de la sociedad; una verborrea lastimosa por las

---

[52] *Catecismo de la Iglesia católica*, Asociación de Editores del Catecismo, 1992, p.1941.

injusticias; una lágrima estéril; una hipócrita tristeza que no empuja a la acción, sino a la lástima inútil y soberbia.

Es importante, según hemos señalado, no confundir la solidaridad con «un sentimiento superficial por los males de tantas personas, cercanas o lejanas. Al contrario, es la *determinación firme y perseverante* de empeñarse por el *bien común*; es decir, por el bien de todos y cada uno, ya que todos somos verdaderamente responsables de todos»[53]. El hombre es un ser social por naturaleza, y su desarrollo está estrechamente vinculado con el desarrollo de toda la sociedad. En cierta medida, ayudar a la sociedad es ayudarse a uno mismo, puesto que el bien común es precisamente eso: *común*. El bien de todos es también mío.

La solidaridad social consiste en colaborar de manera desinteresada con el bien común. Hay actos de solidaridad que son específicamente obligatorios. Incluso existen actos en contra de la solidaridad que pueden ser castigados.

---

[53] JUAN PABLO II, Enc. *Sollicitudo rei socialis*, 38.

Entendemos, por ejemplo, que el cumplir las leyes es un acto solidario, porque sabemos que cumpliéndolas favorecemos el orden social, la observancia de dichas leyes y, por lo tanto, el bien común. En este caso, la falta contra la solidaridad es motivo de castigo, y este castigo se lleva a cabo porque se considera que el cumplimiento de la ley es de interés general y a todos aprovecha.

Aún en el caso de la ley – de la solidaridad *obligatoria*–, es importante observar en el acto solidario la rectitud de la conciencia. La *conciencia virtuosa* y la genuina buena intención son quienes deben dirigir nuestros actos solidarios. Obedecer el mandato de detenerse cuando el semáforo está en rojo es, ciertamente, un acto solidario, cuando lo hacemos por la convicción plena de que con ello favorecemos el bien de la sociedad. Si lo hacemos por miedo al castigo, ese mismo acto pierde su realidad solidaria para convertirse en una obediencia artificial, pueril y temerosa. La ley, así contemplada, se torna frágil y quebradiza bajo el peso del interés personal y momentáneo de la utilidad.

El cumplir las leyes debe ser una disposición permanente, porque todos somos parte de la sociedad, y a todos nos interesa que esas leyes se cumplan para favorecer el bien común. Lo mismo podemos afirmar, por ejemplo, del pago de los impuestos justos, del cumplimiento las leyes penales, administrativas, etc. Cumpliendo la ley aportamos nuestra actitud y voluntad para el desarrollo de la sociedad entera, que finalmente ha de convertirse en bien de todos y cada uno de los que la conformamos. Todos somos verdaderamente responsables de todos.

La convicción de solidaridad, en este sentido, debe tender a terminar con el quebrantamiento sistemático de las leyes en nuestro país. *Si ignoro el rojo del semáforo, si arreglo las cosas con dinero, si vendo cigarros a menores, si hago una pequeña trampilla... ¿a quién afecto?* ... a todos, porque alteras el orden justo de la sociedad, porque rompes la armonía, porque debilitas las leyes, porque destruyes la legalidad, porque todos somos parte de esta sociedad, y dentro de ella estás tú mismo; porque atacas y debilitas el estado de derecho y, con ello, al bien común. Entonces, el interés egoísta inmediato se vuelve en contra nuestra para desintegrar la unidad solidaria de nuestro pueblo y embargarnos en un desesperante círculo vicioso que genera inseguridad jurídica, miedo, indiferencia... y que no nos empuja a otra cosa que al resquebrajamiento de los principios jurídico-políticos de seguridad y certeza jurídicas, orden y paz.

Pero, como se infiere de lo ya expuesto, la solidaridad deseable no se limita a lo *legalmente exigible*, o a lo *estrictamente justo*, sino que invita a una conciencia más profunda de entrega al bien común, a un esfuerzo de mejora verdadera de las condiciones que favorezcan el desarrollo de todos los individuos. La solidaridad resuena como una necesidad urgente y realmente alcanzable para todos los que, a fin de cuentas, hemos recibido un sinfín de bienes de la sociedad y, por lo tanto, tenemos obligación moral de devolver, a lo menos, lo que está dentro de nuestras posibilidades.

Puesto que todos somos, en más de un sentido, sujetos pasivos de la solidaridad (hemos recibido bienes de forma gratuita, nos aprovechamos del desarrollo, de la tecnología, de las leyes mismas), la relación correlativa de justicia impulsa nuestra acción hacia una devolución proporcional por todos los bienes recibidos. ¿Es un hombre capaz de pagar todo lo que le ha sido dado? –Difícilmente. De lo que sí es capaz es de entregarse con franca devoción a la búsqueda del bien de su sociedad.

La solidaridad hacia la sociedad ha sido puesta de relieve en repetidas ocasiones por la Iglesia Católica. Con respecto de la solidaridad, el Papa Pío XII señala sus elementos, claros y objetivos; no se anda por las ramas al señalar actos específicos que implican solidaridad humana.

«Nos invitamos a construir la sociedad sobre la base de esta solidaridad y no sobre sistemas vanos e inestables. Dicha solidaridad requiere que desaparezcan las desproporciones estridentes e irritantes en el tenor de la vida de los diversos grupos de un mismo pueblo. Para este urgente cometido, a la presión externa se habrá de preferir la acción eficaz de la conciencia, que sabrá imponer límites al despilfarro y al lujo e inducirá igualmente a los menos habientes a pensar ante todo en lo necesario y lo útil, ahorrando el resto si lo hay»[54].

El sentido del párrafo anterior se dirige a dos elementos principales: el primero, como una crítica frontal al despilfarro y el lujo, que entorpecen y obstruyen la solidaridad verdadera. El segundo, como una afirmación medular acerca de los actos solidarios: una persona realmente solidaria, como ya hemos señalado, debe de actuar conforme a la conciencia, antes que ser estimulada por leyes externas o presión social.

---

[54] PÍO XII, *Levate capita* 25: AAS 45 [1953] 39.

La realidad de las diferencias en el modo de vida entre unas personas y otras nos obliga a hacer hincapié en este asunto. Es claro que hay personas que tienen más y hay otras que tienen menos bienes materiales. ¿Eso les obliga necesariamente a aportar más en bien de la sociedad? La respuesta es clara, e ineludible: sí. Ellos, los que tienen más riquezas materiales, están obligados por su propia condición a colaborar más con la sociedad. Es cierto que los que tienen más dinero deben pagar, en principio, más impuestos, pero ésta es sólo la medida justa, *lo mínimo exigible* y, como hemos visto, eso no debe ser el límite de la solidaridad, sino únicamente el comienzo.

«La verdadera solidaridad requiere que trabajemos por eliminar las raíces de la miseria humana, tanto propias como ajenas, incluso si esto requiere algún sacrificio por nuestra parte o haya que dar de nuestras necesidades y no sólo de 'lo que nos sobra'. La solidaridad también significa compartir los bienes materiales con otros, especialmente con los pobres de este mundo, hacia los que deberíamos tener un amor preferencial»[55].

Hay aún más formas de manifestar la solidaridad. Por ejemplo: la ecología. Este tema hoy nos parece obligado porque ha adoptado una radical importancia en los últimos años. ¿La conciencia ecológica es una conciencia solidaria? Ya hemos dejado muy claro que no puede existir la solidaridad sino entre *personas*. Es por eso que hace falta diferenciar *los fines* que puede tener una conciencia ecológica. Cuando una persona se decide a cuidar los recursos naturales porque los considera valiosos *en sí mismos* no nos encontramos con una actitud solidaria. Sin embargo, cuando sabemos que podemos favorecer al ser humano a través del cuidado los ecosistemas, sembrando árboles, desarrollando agricultura sana,

---

[55] JUAN PABLO II, D. a los Obispos del Canadá Atlántico, 27-9-1988.

promoviendo la protección de los animales en peligro de extinción y defendiendo la pureza de los ríos, entre otros ejemplos, entonces la disposición de cuidar el entorno se transforma y enriquece para apoyar a la persona humana y, ciertamente, la ecología puede ser una importante actitud dentro de la solidaridad humana[56].

Hemos visto ya la diferencia: cuidar a la naturaleza *para la naturaleza*, o cuidar a la naturaleza *para el hombre*. Esto, aunque parece obvio, no lo ha sido tanto en la vida práctica, porque ¿acaso no se gastan millones de dólares en salvar, por ejemplo, ballenas en el ártico, mientras que centenas de miles de niños padecen desnutrición en los cinco continentes? Podría de esto resultar que, para no pocas personas, fueran más importantes cien ballenas que cien mil niños y, llevado al extremo, creyeran que vale la pena poner en riesgo miles de vidas humanas por cuidar otras tantas vidas animales, cuando la realidad es que una sola vida

---

[56] Cfr. GARCÍA PIMENTEL Luis, *Cinco Ensayos de Ecología Cristiana*, en www.lacreacion.4t.com, ensayo VI.

humana es de incomparable valor con respecto de todos los animales de todo el planeta.

No queremos decir con esto, desde luego, que sea malo o injusto invertir en el cuidado de la naturaleza; simplemente hacer ver al lector el peligro que existe de caer en la trampa que puede ser perder el foco de las verdaderas razones que deben de perseguir todos los actos que han de tender al bien común.

Hemos desarrollado el ejemplo de la ecología para poder manifestar la idea siguiente: hay muchas y muy variadas formas de ser solidario. En todos los casos, el ser humano debe ser el fin material de la acción; de otro modo, no existe la solidaridad y esa acción se disuelve en la nada, pierde su valor. Y para la solidaridad existen distintos medios. La ecología, la economía, la educación, la nutrición, la comprensión… dicho de otro modo: hay tantas formas de actuar solidariamente como problemas humanos existen, porque en cada uno de esos problemas el espíritu humano puede entregarse a sí mismo para colaborar y tomar por propias las cargas del otro. De cualquier manera, estas acciones deben de tener siempre por fin material a la persona humana.

Antes de cerrar este apartado, nos es imperativo hacer notar un punto relevante: en general, cuando hablamos de solidaridad, nos viene a la mente, de forma casi automática, la idea de *ayuda económica* –ayudar a los pobres, dar dinero a los necesitados, etc...– o, cuando menos *ayuda material* –dar comida, dar casa, etc...–. Estas ideas, aunque sí forman parte de la solidaridad, no lo hacen de forma completa.

Decir que la solidaridad es, en esencia, ayuda material, sería el equivalente a afirmar que todos los problemas se resuelven de esa manera; que el hombre sólo tiene necesidades materiales. El ser humano, es evidente, tiene realmente necesidades que no son materiales, como aquellas afectivas, espirituales, morales o sociales.

Para estas necesidades, que pueden plantear problemas para distintas personas, también debe existir una actitud solidaria que favorezca el desarrollo de los hombres en estos campos. Por ejemplo: es posible, si yo no puedo dar dinero para la educación, que dé una parte de mi tiempo para educar a niños de escasos recursos; o que acerque a más gente a la oración –católica si soy católico, budista, musulmana o protestante, si profeso otras religiones–; o que favorezca la integración social de una comunidad marginada, y todo sin desembolsar un solo centavo. La solidaridad, pues, no se reduce a ayuda material, ni a un romántico sentimiento de tristeza hipócrita por los males de los demás, sino que se traduce en ayuda verdadera para los problemas de todos los hombres, dignos y, por lo tanto, iguales.

Como podemos observar, la solidaridad social tiene distintos matices. La realidad es que todos estamos obligados a ella, ya sea por ley positiva o natural, porque todos formamos parte de la sociedad y todos nos beneficiamos de ella. Lo menos que debemos hacer es colaborar en justicia para alcanzar el bien común. ¿Y lo más? El límite de la solidaridad es la medida de la vida humana, porque estamos llamados a dar todo –incluso la vida–, y guardar para nosotros no más que lo indispensable. Lo demás es lujo que acrecienta la distancia de unos hombres con otros y obstaculiza el desarrollo de la sociedad en la medida que merma la capacidad humana de compartir, de cooperar y de pertenecer realmente a una sociedad de hombres iguales[57].

e. Solidaridad Entre Naciones.

Tenemos que afirmar, antes que cualquier otra cosa en el tema específico, lo siguiente: no es conveniente observar la solidaridad entre pueblos distintos sin tener clara la dimensión humana que esto conlleva: las naciones no son entes subsistentes en sí mismos, sino que subsisten en los seres humanos que los conforman. Por eso, no hay que ignorar lo que realmente sucede. Cuando una nación es solidaria con otra nación, realmente *los*

---

[57] Cfr. Catecismo de la Iglesia Católica. Punto. 2426 y ss.

individuos que pertenecen a una nación están siendo solidarios con *las personas* que viven en otra nación. *Las naciones* no son capaces de la solidaridad, sino a través de los individuos que las conforman. La solidaridad no es susceptible de perder su dimensión humana, aún cuando esté siendo llevada a cabo más allá de la propia sociedad.

Entendido esto, podemos proseguir. La solidaridad en el ámbito internacional sólo es comprensible cuando se tienen por verdaderamente iguales en derechos todas las naciones, independientemente de su influencia económica o cultural dentro de un mundo que se inclina a favorecer la tan nombrada globalización.

Podemos decir, con respecto de la realidad internacional, que la obligación de solidaridad es tan imperativa entre naciones como lo es entre individuos, dado que el campo de influencia de una solidaridad entre pueblos es mucho mayor, y las diferencias, sobre todo económicas, impiden la búsqueda libre del bien común en las naciones llamadas *del tercer mundo*, que están en vías de desarrollo. «En el ámbito de las relaciones entre los pueblos, la solidaridad exige (...) que disminuyan las terribles diferencias entre los países en el tenor de vida»[58]. De esta manera la solidaridad, fundamentada en la igualdad radical de las naciones, ha de inclinarse en una lucha constante por lograr también la igualdad en condiciones sociales y económicas, para hacer desaparecer la subordinación material de unos países ante otros: que la igualdad entre naciones no sea sólo substancial, sino también material.

Para llevar a cabo la solidaridad entre las naciones, hace falta visualizar un hecho que en algunas ocasiones es difícil de aceptar: el bien de cada sociedad es el bien de todas las sociedades, así como el bien de una persona en sociedad es el bien de todos sus habitantes. Podemos observar al planeta entero como una verdadera *sociedad de sociedades*, en donde todos, realmente, somos

[58] GUTIÉRREZ GARCÍA, José Luis, *Conceptos Fundamentales en la Doctrina Social de la Iglesia*, tomo IV, Centro de Estudios Sociales del Valle de los Caídos, Madrid, 1971, p. 291.

responsables de todos. En una actitud de solidaridad no sólo se beneficia aquél que recibe la ayuda, sino también aquél que la da, además de toda la sociedad de sociedades.

Entendido esto, comprendemos que, de ninguna manera, la solidaridad entre naciones se opone a los sentimientos positivos de patriotismo y de cuidado de la nación propia. Las naciones también deben de aprender a desprenderse de sus bienes materiales en favor de otros, y no sólo de *lo que les sobra*, sino de aquello que les ha costado trabajo, porque sólo entonces podrán comprender la dimensión universal de la solidaridad, aún entre naciones que no guardan algún vínculo especial de amistad o compromiso.

«Juzgamos necesaria aquí una advertencia: (…) el amor a la propia patria, que con razón debe ser fomentado, no debe impedir, no debe ser obstáculo al precepto cristiano de la caridad universal, precepto que coloca igualmente a todos los demás y

su personal prosperidad en la luz
pacificadora del amor»[59]

El tema de la solidaridad universal en la
historia próxima tiene lo mismo capítulos gloriosos
que recuerdos deplorables. Podemos citar un buen
ejemplo, cercano a todos nosotros. En 1985,
ocurrió en la Ciudad de México un fuerte
terremoto, con consecuencias materiales terribles.
En aquella ocasión, México recibió ayuda solidaria
de diversas naciones en el mundo entero: dinero,
comida, ropa, cobertores y hasta gente que se
apuntó para las arduas tareas de rescate. Podemos
observar en ello una muestra de verdadera
fraternidad universal, en donde todas las naciones
toman conciencia y responsabilidad por las
necesidades de otros.

Pero no siempre es así. En el año 2000, por
razón del Jubileo universal, a través del Pontificio

---

[59] PÍO XII, *Summi pontificatus* 37: AAS 31 [1939] 430.

Consejo "Cor Unum"[60], el Papa Juan Pablo II solicitó a diversos países del primer mundo la condonación de las deudas a los países en vías de desarrollo, la mayoría de los cuales se encuentran en África. En esta ocasión, las naciones desoyeron la llamada a una verdadera solidaridad. La esperanza de las naciones pobres ante ese llamado se apagó dolorosamente ante la egoísta negativa de los países desarrollados. Podemos afirmar con esto que todavía, a pesar de la supuesta globalización y de la supuesta hermandad de todos los pueblos, la solidaridad plena es aún difícil de alcanzar. Y ésta será, desde luego, prácticamente inalcanzable mientras que en los individuos no exista esa disposición constante a apoyar el bien común.

No hay que caer en el error de pensar que esto es un problema nuevo. Juan XXIII plantea con claridad el problema de la solidaridad a escala estrictamente mundial. El objeto concreto sobre el

---

[60] Cfr. Pontificio Consejo "Cor Unum", *El hambre en el mundo, un reto para todos: el desarrollo solidario*, www.vatican.va. Punto 42 y ss.

que el tema recae es el de las relaciones entre los pueblos económicamente poderosos y las naciones que se hallan todavía en fases más o menos retrasadas de desarrollo. Es el problema mayor de hoy, que adquiere destacado y alarmante relieve por la creciente interdependencia de todos los pueblos.

«El problema tal vez mayor de nuestros días es el que atañe a las relaciones que deben darse entre las naciones económicamente desarrolladas y los países que están en vías de desarrollo económico: las primeras, gozan de una vida cómoda los segundos, en cambio, padecen durísima escasez. La solidaridad social que hoy día agrupa a todos los hombres en una única y sola familia impone a las naciones que disfrutan de abundantes riquezas económicas la obligación de no permanecer indiferentes ante los países cuyos miembros, oprimidos por innumerables dificultades interiores se ven extenuados por la miseria y el hambre y no disfrutan, como es debido, de los derechos fundamentales del hombre. Esta obligación se ve aumentada por el hecho de que, dada la interdependencia progresiva que actualmente sienten los pueblos, no es ya posible que reine entre ellos una paz duradera y fecunda, si las diferencias económicas y sociales entre ellos resulta excesiva[61]»

En otro texto, sin hablar expresamente de la solidaridad, se plantea la misma necesidad, a la luz también ahora de la interdependencia insoslayable de las naciones. Esta exige un incremento paralelo de colaboraciones en la solidaridad, la cual tropieza, sin embargo, con gravísimos obstáculos.

---

[61] Juan XXIII, *Mater et magistra* 157: AAS 53 [1961] 440

«Las relaciones entre los distintos países, por virtud de los adelantos científicos y técnicos, en todos los aspectos de la convivencia humana, se han estrechado mucho más en estos últimos años. Por ello, necesariamente la interdependencia de los pueblos se hace cada vez mayor.

Así, pues, los problemas más importantes del día en el ámbito científico y técnico, económico y social, político y cultural, por rebasar con frecuencia las posibilidades de un solo país, afectan necesariamente a muchas y algunas veces a todas las naciones.

Sucede por esto que los Estados aislados, aun cuando descuellen por su cultura y civilización, el número e inteligencia de sus ciudadanos, el progreso de sus sistemas económicos, la abundancia de recursos y la extensión territorial, no pueden, sin embargo, separados de los demás, resolver por sí mismos de manera adecuada sus problemas fundamentales. Por consiguiente, las naciones, al hallarse necesitadas, las unas de ayudas complementarias y las otras de ulteriores perfeccionamientos, sólo podrán atender a su propia utilidad mirando simultáneamente al provecho de los demás. Por lo cual es de todo punto preciso que los Estados se entiendan bien y se presten ayuda mutua.

Aunque en el ánimo de todos los hombres y de todos los pueblos va ganando cada día más terreno el convencimiento de esta doble necesidad, con todo, los hombres, y principalmente los que en la vida pública descuellan por su mayor autoridad, parecen en general incapaces de realizar esa inteligencia y esa ayuda mutua tan deseadas por los pueblos. La razón de esta incapacidad no proviene de que los pueblos carezcan de instrumentos científicos, técnicos o económicos, sino de que más bien desconfían unos de otros. En realidad, los hombres y también los Estados se temen recíprocamente. Cada uno teme, en efecto, que el otro abrigue propósitos de dominación y aceche el momento oportuno de conseguirlos. Por eso los países hacen todos los preparativos indispensables para defender sus ciudades y territorios, esto es, se rearman con el objeto de disuadir, así lo declaran, a cualquier otro Estado de toda agresión efectiva[62]»

La razón común de todos estos obstáculos consiste en el olvido de la ley moral objetiva y universal, provocado por el egoísmo, y, en última instancia, en el olvido de Dios, causado por el materialismo de la vida contemporánea.

«Entretanto, en las naciones más ricas los hombres, insatisfechos cada vez más de la posesión de los bienes materiales, abandonan la utopía de un paraíso perdurable aquí en la tierra. Al mismo tiempo, la humanidad entera no solamente está adquiriendo una conciencia cada día más clara de los derechos inviolables y universales de la persona humana, sino que además se esfuerza con toda clase de recursos para establecer entre los hombres

---

[62] Juan XXIII, *Op. Cit.* 200-203: AAS 53 [1961] 418-419

relaciones mutuas más justas y adecuadas a su propia dignidad. De aquí se deriva el hecho de que actualmente los hombres empiecen a reconocer sus limitaciones naturales y busquen las realidades del espíritu con un afán superior al de antes. Todos estos hechos parecen infundir cierta esperanza de que tanto los individuos como las naciones lleguen por fin a un acuerdo para prestarse múltiple y eficacísima ayuda mutua[63]»

Prolongando la línea expositiva de Juan XXIII, el Concilio Vaticano II advierte con satisfacción que la conciencia de la solidaridad universal constituye uno de los más destacados signos de nuestros tiempos. Pero denuncia al mismo tiempo el contraste que se da entre esta conciencia generalizada y la falta de solidaridad que sigue aquejando al mundo de hoy.

---

[63] Juan XXIII, Op. Cit. 211: AAS 53 [1961] 451

«Entre los signos de nuestro tiempo hay que mencionar especialmente el creciente e ineluctable sentido de la solidaridad de todos los pueblos. Es misión del apostolado seglar promover solícitamente este sentido de solidaridad y convertirlo en sincero y auténtico afecto de fraternidad. Los seglares deben ser, además, conscientes del campo internacional y de los problemas y soluciones, así doctrinales como prácticos, que en él se producen, sobre todo respecto a los pueblos en vías de desarrollo[64]».

«Mientras el mundo siente con tanta viveza su propia unidad y la mutua interdependencia en ineludible solidaridad se ve, sin embargo,

_____

[64] CONCILIO VATICANO II, *Apostolicam actuositatem* 14: AAS 58 [1966] 850.

gravísimamente dividido por la presencia de fuerzas contrapuestas[65]».

El Vaticano II, para el cual «el sentido de la solidaridad internacional» es uno de los valores positivos de la cultura contemporánea[66], plantea la cuestión en el plano colectivo de las relaciones entre los pueblos, pero sin olvidar el sentido personalista y la responsabilidad individual que en conciencia impone el ejercicio de la solidaridad. El Vaticano II, como Juan XXIII y luego Pablo VI, no insiste de forma expresa en la motivación teológica, porque la supone. Acentúa, en cambio, las motivaciones sociológicas y económicas del ejercicio de la solidaridad para todo hombre, sobre todo para el cristiano, quien debe comunicar a la cooperación internacional una orientación definida hacia el retorno creciente a la solidaridad.

---

[65] CONCILIO VATICANO II, *Gaudium et spes* 4: AAS 58 [1966] 1028.
[66] CONCILIO VATICANO II, *Gaudium et spes* 57: *1078*.

«Forma excelente de la actividad internacional de los cristianos es, sin duda, la colaboración que individual o colectivamente prestan en las instituciones fundadas o por fundar para fomentar la cooperación entre las naciones. A la creación pacífica y fraterna de la comunidad de los pueblos pueden servir también de múltiples maneras las varias asociaciones católicas internacionales, que hay que consolidar aumentando el número de sus miembros bien formados los medios que necesitan y la adecuada coordinación de energías. Las eficacia en la acción y la necesidad del diálogo piden en nuestra época iniciativas de equipo. Estas asociaciones contribuyen además no poco al desarrollo del sentido universal, sin duda muy apropiado para el católico, y a la formación de una conciencia de la genuina solidaridad y responsabilidad universales.

Es de desear, finalmente, que los católicos, para ejercer como es debido su función en la comunidad internacional, procuren cooperar activa y positivamente con los hermanos separados que juntamente con ellos practican la caridad evangélica, y también con todos los hombres que tienen sed de auténtica paz[67]»

El Vaticano II ha denunciado la acción antisolidaria de varios factores de la vida contemporánea, entre los cuales enumera «las pretensiones de lucro excesivo, las ambiciones nacionalistas, el afán de dominación política, los

---

[67] CONCILIO VATICANO II, Const. *Gaudium et spes* 90: AAS 58 [1966] 1111.

cálculos de carácter militarista y las maquinaciones para difundir e imponer las ideologías[68]».

Tanto los mensajes de Pio XII y Juan XXIII como el Concilio Vaticano II son ideas que nos parecen hoy más necesarias que nunca. La brecha económica que divide a los países desarrollados con aquéllos en vías de desarrollo es hoy más grande y más infranqueable que nunca, pues la velocidad de desarrollo que permiten el mercado mundial y la tecnología a los países con alto grado de bienestar económico, los separa cada vez más de la realidad que viven los países con dificultades económicas.

Esta situación se agrava actualmente con los problemas que se han suscitado en los años. Enfrentamientos bélicos, guerras culturales, enconos religiosos. Problemas que no hacen sino remarcar las diferencias que obstaculizan una actitud solidaria de alcance universal, porque en vez de favorecer la unión por la igualdad substancial,

---

[68] CONCILIO VATICANO II, Const. *Gaudium et spes*, 85: 1 108

provocan el distanciamiento y el odio por diferencias accidentales. «Mientras el mundo siente con tanta viveza su propia unidad y la mutua interdependencia en ineludible solidaridad se ve, sin embargo, gravísimamente dividido por la presencia de fuerzas contrapuestas»[69]. Estas fuerzas son de distinta índole. Las hay políticas, religiosas, económicas, culturales e incluso étnicas.

La solución a estos problemas parece clara: «Hay que apostar por el ideal de la solidaridad frente al caduco ideal del dominio»[70], porque sabemos que el bien de todos nos favorece a todos. Hay que apostar por el bien común.

La creciente interacción entre las naciones y la cada vez más abismal separación cultural y económica entre los países no parecen ser sino los polos opuestos de una realidad global que se define por sus contradicciones: un mundo cada vez más cercano, pero cada vez más dividido; que trata de

---

[69] CONCILIO VATICANO II, Const. *Gaudium et spes* 4: AAS 58 [1966] 1028.
[70] JUAN PABLO II, D. en Santa Cruz, Bolivia, 12-5-1988

olvidar los conflictos raciales para imbuirse en la indiferencia entre culturas.

Lejos de lamentarnos, horrorizarnos o indignarnos de forma hipócrita por estas realidades tan disímiles, nos ocupa la urgente necesidad de hacerles frente. En el ámbito internacional, sobre todo los gobernantes deben de estar abiertos a una realidad hoy innegable: *el verdadero desarrollo de una nación no puede llevarse a cabo sin el desarrollo paralelo de todas las demás*, porque la interacción y la interdependencia —económica, comercial, cultural— entre países es cada vez más acusada y hoy, más que nunca, los países del orbe son definitivamente necesarios entre sí. La sociedad de sociedades es una realidad, y todos somos verdaderamente responsables de todos.

Visto todo lo anterior, no nos queda más que reafirmar algunas ideas clave, que nos demuestran el protagonismo real que debe tener la solidaridad en el ámbito de las relaciones humanas en todas sus dimensiones.

Hemos observado la importancia de la solidaridad para el buen desarrollo de las personas en sociedad. Hemos hecho hincapié sobre los efectos positivos que deben de derivarse de una correcta disposición para la solidaridad universal. Pero nos hace falta hacer el acotamiento en este estudio sobre las consecuencias que, a *contrario sensu*, se desprenden de la falta de solidaridad entre los hombres.

«La culpa de las estrecheces actuales... deriva de la falta de solidaridad de los hombres y de los pueblos entre sí»[71]. El supuesto bienestar que logran los hombres cuando, a fuerza de derribar a los otros, de utilizarlos como simples escalones para subir al éxito, de olvidarlos en la desdicha, de ignorarlos en la pobreza, de sumirlos en la ignorancia, es sólo una desdichada farsa de poder y comodidad que tiene sumida a la sociedad en un estancamiento fétido de

---

[71] PÍO XII, *Levate capita* 33: AAS 45 [1953] 42.

intereses personales que ha relegado al olvido la confianza entre los hombres. El desarrollo momentáneo que consiguen los países cuando explotan a otros, o dejan de ayudarles, o propician su subdesarrollo, o se enfrentan en guerra y vencen, es sólo un espejismo efímero de bienestar material, pervertido de egoísmo y deshumanización.

¿Acaso no es obvio al ojo observador que la falta de solidaridad no conduce a otra cosa que al aletargamiento de la civilización y la falta de desarrollo conjunto de todos los hombres? La falta de solidaridad no sólo afecta a los necesitados, o a los países en desarrollo, o a los ignorantes. La falta de solidaridad se revierte en contra nuestra, y nos afecta tan directamente como a los más necesitados. Ser solidarios con los demás, podemos decir, es ser solidarios con nosotros mismos, pero de una manera genuina, legítima. Preocuparnos por nosotros y por los nuestros es lícito, pero no a costa de los demás, sino de la mano de los demás, colaborando con el desarrollo de todos.

Primero en la familia, luego en la comunidad; más tarde en la sociedad o más allá de nuestras fronteras. El desarrollo de todos es también mi desarrollo; el bien de todos es también mío.

La solidaridad debe ser verdadera, tangible, cierta. Debe ser activa, perseverante, constante. «No es posible confundirla con un vago sentimiento de malestar ante la desgracia de los demás. (...) La solidaridad, en el compromiso del hombre y de la mujer, es un servicio a aquellos cuyas vidas y destinos están ligados estrechamente entre sí»[72]. La solidaridad es entrega y, por tanto, diametralmente opuesta al deseo egoísta, que impide el verdadero desarrollo.

Por eso hemos dicho: la solidaridad es unión, mientras que el egoísmo es aislamiento. La solidaridad favorece el desarrollo; el egoísmo, la

---

[72] JUAN PABLO II, Discurso al Embajador de Santa Lucía, 2810-1991.

pobreza. La solidaridad aprovecha los bienes, los distribuye, los comparte, los multiplica; el egoísmo, los corrompe, los hace estériles, los pervierte para hacer de los bienes plataformas de podredumbre, de riquezas desbordantes de inutilidad y vergüenza. Para la solidaridad, *homo homini amicus*[73], *homo homini frater*[74]; para el egoísmo, *homo homini lupus*[75].

Esa solidaridad; esa disposición permanente de colaborar con el bien común; la misma que une, hermana y desarrolla a los hombres, no es algo extraño a nosotros, ni es un ideal inalcanzable, no. La solidaridad es parte de nosotros, está en la naturaleza misma del ser humano y se relaciona directamente con su también naturalísima tendencia social.

Es este sentido, podemos decir que las tendencias humanas que se oponen a la solidaridad son no sólo negativas, sino también antinaturales;

---

[73] *Homo Homini Amicus*: "El hombre es amigo del hombre".
[74] *Homo homini frater*: "El hombre es hermano del hombre".
[75] HOBBES, Thomas: *Homo Homini Lupus*, "El hombre es el lobo del hombre", en *El Leviathan*, c. 14.

son señales patológicas en una persona que no reconoce la dignidad de la persona humana ni se ha dado cuenta, ciego de avaricia, de que todos somos verdaderamente responsables de todos. Así como la solidaridad nos humaniza; la falta de ella nos pervierte, nos aleja, nos hace negar nuestra propia naturaleza.

Oponerse a la solidaridad es oponerse a la naturaleza social del hombre, y equivale a afirmar que uno es autosuficiente, que no necesita de otros, que los otros no le merecen, que no le debe nada a nadie. No escuchar el llamado a la solidaridad es una acción que desvirtúa al ser humano para convertirlo en un ser solitario, egoísta; fuera de la realidad; lejano de los otros hombres, duro de corazón: profuso para exigir, pobre para ofrecer. Querer olvidar la solidaridad y observar con los brazos cruzados las necesidades de los que nos rodean es un síntoma de un profundo egoísmo, una irreparable ceguera o una asombrosa ingratitud.

El ser humano es un ser social: necesita de otros y los otros necesitan de él. Con esto, ¿quién puede negar la necesidad inmediata de la solidaridad verdadera en todos los hombres? Ya sean jurídicos, ya sean filosóficos, ya sean morales los argumentos que se esgriman a favor de ella, cualquier hombre que acepte a la justicia como la constante y perpetua disposición de dar a cada quien lo que por derecho le corresponde sabrá, por lo mismo, observar en la solidaridad una verdadera exigencia de la justicia misma y un llamado urgente de caridad universal.

Dentro de todas estas consideraciones, es necesario remarcar la necesaria conexión que se ha de establecer entre la Solidaridad como principio social y la Razón de Estado como aplicación del poder que se deriva de la misma sociedad. En el tercer capítulo abordaremos tal conexión, después de repasar algunos de los cambios que se han suscitado en el Estado moderno a partir de la Globalización.

III.
LA RAZÓN DE ESTADO
FRENTE AL ORDEN
GLOBAL DEL SIGLO XXI

1. LA REORGANIZACIÓN DEL PLANETA.

El avance de la capacidad tecnológica del hombre y el creciente mercado internacional han transformado al mundo entero en una intrincada red de posibilidades abiertas al mundo entero y, con esto, los problemas se han multiplicado.

De alguna manera, junto con los enormes beneficios culturales, económicos, políticos y humanos, una serie de problemas laten silenciosos bajo el inmenso océano de la fascinación moderna. Una guerra con un país al otro lado del mundo puede comenzar en unas horas, y los núcleos terroristas encuentran la forma de secuestrar aviones para derribar uno o dos castillos capitalistas. Las fronteras se han olvidado. Las antiguas *marcas* medievales –y aún las post *wesfalianas*- son insuficientes para retener los embates ideológicos de las personas.

A partir de la primera guerra mundial –y acaso desde mucho antes- se podría prever la realidad que hoy se anida en nuestros periódicos. La guerra en bloque utilizada en aquella ocasión parecía querernos preparar para el pan de todos los días en el siglo XXI. A partir de la creación de la ONU, el plano político ha adquirido una nueva dimensión que aspira a la universalidad y se aproxima cada vez más al fenómeno de la globalización. ¿Quién hubiera pensado hace cien años que un delegado de España tendría voz y voto en decisiones que afectaran a una aldea de Oceanía? Las facultades que la sociedad internacional organizada otorga a los representantes de los Estados abren la puerta a una política internacional mucho más compleja y mucho más solidaria.

Efectivamente, el mundo se encuentra cara a cara con una encrucijada histórica de proporciones atlánticas. Prever lo que le espera al mundo no es cosa fácil. Sin embargo existen diversas ideas que se asoman ya entre los teóricos del Estado, y que trataremos de analizar sucintamente, para que nuestro estudio pueda arrojar una posible luz sobre el tema específico que nos ocupa, que es la Razón de Estado.

2. ¿UNA SOCIEDAD GLOBAL?

Por primera vez en la historia de la humanidad, observa Yehezkel Dror, *la acción humana tiene la capacidad de ejercer influencia sobre fenómenos globales críticos para la supervivencia humana (...) Los Estados por sí solos son inadecuados para actuar como unidades de acción eficaces. Los grandes desafíos planteados por los procesos del siglo XXI requieren estructuras multiestatales que lleguen a la gobernabilidad regional y mundial*[76].

He aquí, pues, que estamos enfrentados a una realidad ya inevitable: *el Estado no se basta a sí mismo.* El bien común en un Estado no se logra con sólo gobernar correctamente al Estado. La administración interna de un país depende cada vez más de las relaciones exteriores que existan para

---

[76] DROR, Yehezkel, *Como preparar el Estado para las transformaciones globales*, en *La Capacidad para Gobernar*, Fondo de Cultura Económica, México, 1996.

comercio, defensa, cultura, migración, etc. Incluso, la identidad nacional en los Estados se ha diluido un poco; acaso los seres humanos han enriquecido y alimentado la conciencia de una verdadera sociedad mundial, en la que se llevan a cabo intrincadas relaciones humanas; en la que existen distintos sectores y distintas clases sociales; una sociedad en la que los barrios toman forma de países, y las clases sociales se visten de continentes.

Pongamos, pues, que el mundo entero es –y cada día lo es más– una sociedad de sociedades; es una suerte de Estado habitado por Estados. Y, dado este caso, ¿quién será el gobernante de semejante monstruo? ¿quién podrá dirigir y administrar esta masa global de Estados–municipio que ocupan el mapa entero?

Dado que la sociedad crece en una especie de comunidad política metanacional, esta misma comunidad universal no es susceptible de abstraerse de la naturaleza misma de la sociedad humana, que ya analizamos y, en ese contexto, es su fin determinado buscar el bien común. En la búsqueda de un bien común mundial. La razón de Estado aparece, desde luego, con una figura metaestatal a la que el mismo Dror ha llamado *Razón de Humanidad.*

La Razón de Humanidad es una figura muy similar a la Razón de Estado, que observa la necesidad de ocuparse, en el devenir político cotidiano, por el bien común de todos los estados y no sólo el de uno de ellos. Podríamos pensar, al observar este concepto, que sería necesaria una persona con autoridad y dominio sobre la humanidad entera para poder hacer valer en la práctica el concepto de *Razón de Humanidad.*

La respuesta que, cuando se piensa en ello, primero viene a la cabeza es, por supuesto, la Organización de las Naciones Unidas, que a través de su Asamblea General, el Consejo de Seguridad y demás órganos, se encarga de perseguir sus objetivos, que son los siguientes:

1. Mantener la paz y la seguridad internacionales, y con tal fin: tomar medidas colectivas eficaces para prevenir y eliminar amenazas a la paz, y para suprimir actos de agresión u otros quebrantamientos de la paz; y lograr por medios pacíficos, y de conformidad con los principios de la justicia y del derecho internacional, el ajuste o arreglo de controversias o situaciones internacionales susceptibles de conducir a quebrantamientos de la paz;

2. Fomentar entre las naciones relaciones de amistad basadas en el respeto al principio de la igualdad de derechos y al de la libre determinación de los pueblos, y tomar otros medidas adecuadas para fortalecer la paz universal;

3. Realizar la cooperación internacional en la solución de problemas internacionales de carácter económico, social, cultural o humanitario, y en el desarrollo y estímulo del respeto a los derechos humanos y a las libertades fundamentales de todos, sin hacer distinción por motivos de raza, sexo, idioma o religión; y

120

4. Servir de centro que armonice los esfuerzos de las naciones por alcanzar estos propósitos comunes. [77]

Estos objetivos representan un esfuerzo plausible. Sin embargo, tal vez esta organización aún no tenga la fuerza y las herramientas para hacer las veces de gobernante global. *El mundo es aún demasiado grande para ser un solo pueblo.* La culturas, aunque cercanas, siguen siendo sumamente distintas en muchos de sus elementos, y es difícil lograr acuerdos de buena fe sobre asuntos como las guerras, la pobreza, los derechos humanos, el concepto de persona humana, la noción de libertad, los ideales de igualdad, etc.

De manera que aunque, efectivamente, se está llevando a cabo una reorganización esencial en el orden político internacional, ésta no parece apuntar, como observaremos en los párrafos subsiguientes, a una probable aldea global, sino a una organización mundial de meganaciones.

---

[77] Carta de las Naciones Unidas, Capítulo I.

3. EL NUEVO ORDEN MUNDIAL: EL ESTADO *PERMEABLE.*

Los asuntos ya planteados han desatado una nueva discusión sobre la tendencia que siguen los estados modernos en lo que respecta a su organización. Samuel L. Huntington[78] parece asomarse a una respuesta más realista al observar en el mundo las diferentes civilizaciones que lo ocupan, y que se hallan en cuadrantes culturales muy diversos, si no es que contradictorios.

A grandes rasgos, Huntington en su libro *El Choque de Civilizaciones,* observa un mundo organizado en grandes bloques culturales – chino, japonés, hindú, islámico, ortodoxo, occidental,

---

[78] Samuel Huntington es profesor de la Universidad de Harvard y presidente de la Harvard Academy for International and Area Studies. Ha publicado diversos ensayos sobre geopolítica, tales como *El Orden Político en las Sociedades en Cambio, El Choque de Civilizaciones y la Reconfiguración del Orden Mundial* o *Globalizaciones Múltiples.*

latinoamericano y tal vez africano[79] - que parece poco probable que puedan fundirse en una sola realidad cultural. Culturas sumamente disímiles como el mundo Islámico, El Occidental y el Oriental no podrán unirse debido a sus diferencias, y más bien el mundo tenderá a agruparse en estos sectores, que conformarán grandes Estados con un fundamento cultural.

Huntington termina el libro diciendo que *el futuro de la paz y la civilización depende de la comprensión y cooperación entre los líderes políticos e intelectuales de las principales civilizaciones del mundo. En el choque de civilizaciones, Europa y los Estados Unidos pueden permanecer asociados o no. En el choque máximo, el verdadero choque, a escala planetaria, entre civilización y barbarie, también las grandes civilizaciones del mundo, con sus ricas realizaciones en el ámbito de la religión, el arte, la literatura, la filosofía, la ciencia, la tecnología, la moralidad y la compasión, pueden asociarse o seguir separadas. En la época que está surgiendo, los choques de civilizaciones son la*

---

[79] HUNTINGTON, Samuel, *Choque de Civilizaciones*, Paidós, México, 2002, p. 50.

mayor amenaza para la paz mundial, y un orden
internacional basado en las civilizaciones es la protección
más segura contra la guerra mundial[80].

Al analizar a Samuel Huntington, se debe
de aceptar que, en efecto, las diferencias entre estas
culturas son de profunda raigambre, y han de
oponerse de manera natural a una supuesta
globalización, cuando ésta signifique, como hasta hoy
ha significado, *occidentalización*.

Por si fuera poco, la realidad nos deja
observar –afortunados observadores de esta
transición histórica– que la organización por
bloques se perfila para ser la nueva pauta en el
orden mundial cotidiano en los siglos que vienen.
La formación de la Unión Europea marca de tal
manera un hito en la historia, que lo más probable
es que sea un parteaguas fundamental en el
desarrollo de ésta y de la humanidad misma.
Incluso sus valores coinciden con las necesidades
que señalamos en la presente tesis: *La Unión se*

---

80 HUNTINGTON, Samuel, *Choque de Civilizaciones*,
Paidós, México, 2002, p. 385.

fundamenta en los valores de respeto de la dignidad humana, libertad, democracia, igualdad, Estado de Derecho y respeto de los derechos humanos, incluidos los derechos de las personas pertenecientes a minorías. Estos valores son comunes a los Estados miembros en una sociedad caracterizada por el pluralismo, la no discriminación, la tolerancia, la justicia, la solidaridad y la igualdad entre mujeres y hombres[81]. Y aún en esta organización, el camino de la organización interna no ha sido fácil.

Lo que hasta hace poco se desarrollaba de manera envidiable en el campo del Derecho Internacional, tuvo su primer gran descalabro con el rechazo del proyecto de Constitución Europea por varios Estados en el 2005[82]. Esto no nos da cuenta del fracaso de la unión de los Estados para un fin

---

[81] Proyecto de Constitución Europea (Tratado de Roma, 2004), artículo i-2 (http://europa.eu.int/constitution/es/ptoc2_es.htm#a3)

[82] La Unión Europea vio en primavera del 2005 cómo se desvanecía su sueño de alumbrar una Constitución común, tras las negativas del referéndum en Francia y Holanda. La UE entró en una crisis de identidad de la que aún no ha logrado salir. (http://www.20minutos.es/noticia/76471/0/papa/noticias/resumen/)

común, sino de que los cambios no siempre son tan fáciles como quisiéramos.

Detengámonos un instante, para poder observar el orden mundial según hoy lo conocemos. Tal vez lo primero que podamos observar de él es que hoy, más que nunca, es un orden en constante cambio. Es un orden que encuentra su balance en el movimiento mismo, que a veces parece una danza y a veces se observa como un caos desordenado.

El contexto actual de política tiende cada vez más al pluralismo cultural (aún dentro de los Estados) y a la búsqueda de lo que se ha dado por llamar *la tercera vía*. La tercera vía, a decir de Anthony Giddens, es una suerte de punto intermedio, *distinta el liberalismo absoluto del mercado Estadounidense, por un lado, y del comunismo soviético, por otro*[83], es decir, opuesto propiamente a los extremismos ideológicos. Es un camino, en todo caso, más práctico y conciliador que trata de

---

[83] GIDDENS, Anthony, *La Tercera Vía y sus Críticos*, Taurus, Madrid, 2001, p. 11.

revolver los escombros ideológicos de la historia y, tras la guerra fría, opta por aprender de distintos puntos de vista sobre la política y el gobierno.

Por otro lado, como ya hemos señalado, no parece probable poder dar marcha atrás a la globalización. *No podemos anular la globalización; está aquí para quedarse. La cuestión es cómo hacerla funcionar*[84]. En otras palabras, la *sociedad internacionalizada* exige por su propia naturaleza la existencia de organizaciones, instituciones y reglas que logren un orden verdadero.

Los intentos de lograr estas instituciones de carácter público internacional han dado algunos frutos dignos de tomar en cuenta, como la Organización de las Naciones Unidas, la Unión Europea o la Corte Penal Internacional. No podemos soslayar, sin embargo, los esfuerzos unificadores que han sorteado otras organizaciones internacionales de carácter no estatal, como la Cruz Roja, la Unión Postal Universal y la Alianza

---

[84] STIGLITZ, Joseph, *El malestar en la Globalización*, Taurus, Madrid, 1002, p. 278.

Mundial de la Juventud, entre otras muchas. Tal vez una de las mejores tesis sobre el gobierno del futuro se halle en la Unión Europea, que aún está por aprobar, como hemos visto, una constitución común y definir una gran cantidad de parámetros para el orden comunitario.

Una vez más, Europa sienta un precedente determinante en la historia. En el instante mismo en el que Estados Unidos se proponía adueñarse de la cultura, la política y los mercados internacionales, los europeos nos tienen preparada una muestra de la realidad más probable en los siglos que se avecinan.

Porque desde luego, los Estados, cuando se unen solidariamente, se hacen más fuertes. La mecánica de ayuda a los países de Europa con el fin de que todos tengan un nivel de vida similar que facilite el libre tránsito de capitales, bienes, personas y servicios es, según lo observamos, brillante.

Esto no significa, insistimos, que el Estado se acerque a su desaparición. No consideramos, como algunos estudiosos opinan, que esté pronto el fin del Estado. El tema tampoco es nuevo. Jesús Reyes Heroles realizó un brillante análisis del fenómeno de las mutaciones en el estado moderno:

«La interrogante que guía este ensayo es la de saber si la crisis que la sociedad mundial padece –crisis de insólita magnitud- y que afecta con singular envergadura la estructura estatal de nuestros días, viene a demostrar la superación histórica, el rebasamiento del Estado Moderno. Si el conjunto de factores que dio lugar al nacimiento del Estado Moderno ha dejado de tener vigencia histórica, entonces esta estructura política se encuentra fosilizada, superpuesta a una realidad que no obedece e interpreta, sino restringe, limita y estorba; si por el contrario, esencialmente reinan los factores que originan el Estado Moderno y solamente han sufrido mutaciones, transformaciones que no alteran substancialmente su validez histórica, debe concluirse que el Estado Moderno es apto para expresar esas realidades y sólo requiere una adaptación o modificación que restaure su eficacia[85]».

Tanto el estudio citado como una visión completa de todo lo mencionado, nos permiten afirmar que no parece que nos hallemos ante la destrucción o el fin temporal del Estado Moderno, sino ante una *mutación* de éste. El Estado mantiene sus elementos esenciales, pero para alcanzar los fines que lo animan, requiere de una transformación que le permita identificarse con su momento histórico y su latitud geográfica. Esta mutación puede distinguirse para su estudio en dos planos: por un lado, una mutación *intrínseca*, que se refiere a las bases cultural y funcional de los Estados y, por otro, una mutación *extrínseca*, que se observa en economía y en las relaciones entre diversos Estados.

---

[85] REYES HEROLES, Jesús, *Tendencias Actuales del Estado*, Tesis Profesional, México, 1944, p. 12.

130

Trataremos de profundizar en nuestra afirmación sobre estas mutaciones, analizando de forma comparativa la evolución del Estado. Hablemos en primer lugar de lo que hemos llamado *mutación intrínseca*. Esta podemos observarla en dos aspectos: el cultural y el funcional. El cultural es un aspecto interesante, relacionado de forma directa con el concepto de *nación*.

Hace mil años, los Estados eran pequeños, y en ellos existía unidad cultural, religiosa e incluso racial. A lo largo de la historia, la tensión entre la unificación y la fragmentación de los Estados ha vivido ciclos específicos. El Imperio Romano tuvo una unidad notable hasta su caída en los albores de la edad media. El Sacro Imperio Romano Germánico revivió los ideales unificadores de su antecesor, hasta que el nacimiento de los Estados modernos suscitó una nueva división territorial. Napoleón realizó un impresionante esfuerzo de unificación que no pudo trascender los siglos. Hoy la Unión Europea retoma el ideal histórico de la unidad occidental, esperando que la correcta organización y preparación le depare mejor suerte que los esfuerzos unificadores anteriores. Hoy la unidad racial, religiosa y cultural es prácticamente inimaginable. En casi cualquier Estado observamos diversidad en los tres aspectos: la unidad nacional no está basada en estos conceptos –no puede ya estarlo- , sino en una identificación de valores que permiten una interacción humana sana.

Es por eso que en la estructura poblacional de los estados se va dibujando un nuevo rostro. Las facilidades actuales para la migración y la reducción en las tasas de natalidad de algunos países desarrollados han empujado hacia una movilización masiva de mano de obra que ha ido cubriendo los huecos poblacionales. La tolerancia se ha posicionado como un valor esencial para el desarrollo de cualquier sociedad, y la lucha por los derechos de las minorías ha librado grandes batallas, algunas de las cuales están aún por resolverse. Ejemplos abundan. Desde los migrantes mexicanos hasta los separatistas vascos, la unidad y la tolerancia aún son sólo ideales en muchos lugares del planeta.

El aspecto funcional es también decisivo y notoriamente evolucionado con respecto del Estado medieval y el moderno. Como ya señalamos, hoy es casi inconcebible y anacrónico un Estado cuyo sistema de gobierno o económico sea radical en sus fundamentos, ya sea capitalistas o totalitarios. A esto nos referíamos al hacer el comentario sobre la tercera vía. El Estado del siglo XXI es más práctico y conciliador; menos dogmático y radical. En un mundo plural que se regocija en la democracia, lo natural es que los gobiernos trabajen a favor de la población plural que les ha dado el poder, así como que los mismos grupos poblacionales tomen su lugar en los sitios en donde las grandes decisiones son tomadas.

La *mutación intrínseca* sumada de diversos Estados da por resultado una capacidad de interacción mayor en los mismos, pues cada vez más coinciden en diversos puntos de vista, encuentran ideales comunes y comparten bagaje cultural, racial y religioso en distintos niveles. De esta manera es más sencillo que la solidaridad se desarrolle entre los pueblos, puesto que es más asequible que, entre ellos, se observen como iguales.

La *mutación extrínseca*, por su parte, se expresa en dos términos: el económico y el político internacional. Hace mucho que los Estados no son ya unidades económicas autosuficientes. Incluso aquellas economías que han luchado durante siglos por mantener una política cerrada hacia el exterior, se encuentran en una grave disyuntiva con respecto de la globalización. Como ya hemos dicho, la globalización no parece ser una opción, sino una realidad establecida. El comercio internacional y los fondos internacionales nos hablan de una verdad clara en el terreno económico. Lo mismo podemos apuntar del aspecto político internacional (que desde luego no puede desvincularse del económico), que exige que los gobernantes no sean sólo brillantes administradores, sino preparados estadistas y diplomáticos.

En esta mutación extrínseca yace la nueva realidad permeable del Estado contemporáneo, y nos remite al nuevo orden internacional del que ya hemos estado hablando y que evidencia que el Estado se halla en un proceso de re-identificación, de re-conceptualización, de re-organización, de reestructuración e, incluso, de re-creación; pero no en un proceso de destrucción; no todavía.

4. LA RAZÓN DE ESTADO *SOLIDARIA*: UNA PROPUESTA PARA EL SIGLO XXI.

En el entorno mundial contemporáneo que hemos estado planteando, la razón de estado aparece de nuevo para llamar nuestra atención hacia una idea clave: la razón de estado cambia su forma cuando el Estado cambia su forma (quede claro que hemos dicho *forma* entendido como la forma accidental, y que la esencia del Estado y de la razón de estado siguen fijas en su fin, analizado en la segunda parte de este estudio).

Y si el Estado, como hemos dicho, ha cambiado su manera de interactuar con otros Estados, de manera que cada vez sus acciones tienen más injerencia sobre el bien común en otros Estados, ¿no estará la razón de Estado llamada a observar el bien común en un entorno más amplio; en un entorno, digamos, extensivo e incluso solidario?

El gobernante no puede perder conciencia de la realidad histórica. Por eso el uso de la razón de estado tiene, hoy más que nunca, alcances internacionales e incluso universales. Hacia allí apunta el estudio de Dror sobre la razón de humanidad, cuando observa el mundo como una gran sociedad, lo que parece ser el fundamento del sistema de seguridad colectiva en la ONU.

A fin de cuentas, el problema de la aplicación de la razón de estado internacional sigue siendo el mismo. ¿Cómo desvincular la razón de estado de intereses particulares? Los líderes políticos del mundo actual, por supuesto, velan por los intereses de sus países, y no han entendido que en una Razón de Estado Solidaria se halla la respuesta más clara a la búsqueda de un bienestar global, de paz y de cooperación.

Es por eso que proponemos este término, el de *Razón de Estado Solidaria*, para significar la evolución que ha vivido este concepto. El gobernante del siglo XXI debe aprender a ver en la Razón de Estado Solidaria un arma decidida en la lucha cotidiana por el bien común, y un recurso fuerte y legítimo en la defensa de los bienes de la sociedad humana.

Aún hoy, toman claro sentido las palabras de Pío XII manifestadas hace 60 años, en medio de las atrocidades de la Segunda Guerra Mundial:

«Nosotros no queremos renunciar a la esperanza de que todos los pueblos que han pasado por la escuela del dolor habrán sabido aprender sus austeras lecciones. Nos confirman en esta confianza las palabras de los hombres que han experimentado con mayor intensidad los sufrimientos de la guerra y que han encontrado acentos generosos para expresar, junto con la afirmación de las propias exigencias de seguridad contra toda futura agresión, su respeto a los derechos vitales de los demás pueblos y su aversión contra toda usurpación de los mismos derechos. Sería vano esperar que este juicio prudente, dictado por la experiencia de la historia y por un alto sentido político, sea -mientras los ánimos están todavía incandescentes- generalmente admitido por la opinión pública o incluso solamente por la mayoría. El odio, la incapacidad de comprenderse mutuamente, ha hecho surgir, entre los pueblos que han combatido unos contra otros, una niebla demasiado densa para poder esperar que haya llegado ya la hora de que un haz de luz despunte para iluminar el trágico panorama a los dos lados de la obscura muralla. Pero sabemos una cosa, y es que llegará un momento, tal vez antes de lo que se piensa, en que unos y

otros reconocerán que en definitiva no hay
más que un camino para salir de la espesa
red en la que la lucha y el odio han envuelto
al mundo, esto es, el retorno a una
solidaridad demasiado tiempo olvidada, una
solidaridad no restringida a estos o a
aquellos pueblos, sino universal, fundada en
la íntima conexión de sus destinos y en los
derechos que por igual les corresponden a
todos [86]».

Es por eso que las acciones de los
gobernantes no pueden ignorar las dolorosas
lecciones que la historia les ha brindado. El mundo
no se puede dar el lujo de volver a ser regido por el
egoísmo ciego de los Estados, ni puede dejarse
vencer por el miedo y la incertidumbre de las
fuerzas terroristas o por la utopía irreverente del
anarquismo.

---

[86] PIO XII. *Benignitas et humanitas* 40. Radiomensaje del
sumo pontífice a los pueblos del mundo entero, con
ocasión de la Navidad en 1944.
(http://statveritas.com.ar).

Los seres humanos en todo el mundo han renunciado en los últimos años a diversos derechos antaño considerados inalienables, como la privacidad, la libertad de tránsito y la seguridad jurídica, en nombre de la seguridad nacional y en nombre de un bienestar cada vez menos palpable. Los Estados desarrollados, que se hallan bajo sitio —sí, como hace mil años— se arman hasta los dientes para resistir los embates de los terroristas y otras potencias militares. Pero la estructura del mundo ha cambiado y hoy los embates no llegan siempre desde el exterior, sino que se anidan en la misma estructura plural y multicultural de las naciones.

Tal vez una de las nociones que puede poner freno a la escalada militar que se deriva de la actual espiral de violencia es la noción de la solidaridad: la seguridad que no estamos luchando solos en contra del mundo, sino que el mundo está del mismo lado, en contra del terror y la injusticia.

La Razón de Estado, pues, debe de convertirse paulatina pero decididamente en una Razón Solidaria. «Cuando -como todos lo deseamos- las disonancias del odio y de la discordia, que dominan la hora presente, no sean más que un triste recuerdo, madurarán con abundancia más copiosa todavía los frutos de esta victoria del activo y magnánimo amor sobre el veneno del egoísmo y de las enemistades[87]».

La Razón de Estado Solidaria se encuentra enclavada en un tiempo de cambios vertiginosos, en que los Estados no pueden pretender ceguera ante una verdad fundamental, que hoy es una realidad casi olvidada en el entorno de las relaciones internacionales. Y esto es que, muy en el fondo, las relaciones internacionales siguen siendo, como lo han sido y serán siempre, esencialmente relaciones entre seres humanos.

---

[87] PIO XII, *Ibid*, 52.

BIBLIOGRAFÍA GENERAL

1. ARISTÓTELES, *Política*.

2. BRZEZINSKI, Zbignew, *El Gran Tablero Mundial*, Paidos, España, 1998.

3. CASARES, Tomás, *La Justicia y el Derecho*, Abeledo Perrot, 3a edición,Buenos Aires, 1974.

4. CASSESE, Antonio, *International Law*, Oxford University Press, EEUU, 2002.

5. *Catecismo de la Iglesia católica*, Asociación de Editores del Catecismo, 1992.

6. COLOM, Enrique, *Curso de Doctrina Social de la Iglesia*, Palabra, Madrid, 2001.

7. CONCILIO VATICANO II, Const. *Gaudium et spes*.

8. CONCILIO VATICANO II, Const. *Apostolicam actuositatem.*

9. DESPOUY, Alejandro, *Los Derechos Humanos y los Estados de Excepción,* UNAM, México, 1999.

10. DROR, Yehezkel, *Cómo preparar el Estado para las transformaciones globales,* en *La Capacidad para Gobernar,* Fondo de Cultura Económica, México, 1996.

11. GIDDENS, Anthony, *La Tercera Vía y sus Críticos,* Taurus, Madrid, 2001.

12. GONZÁLEZ URIBE, Héctor, *Teoría Política,* Porrúa, México, 1999.

13. GUTIÉRREZ GARCÍA, José Luis, *Conceptos Fundamentales en la Doctrina Social de la Iglesia,* tomo IV, Centro de Estudios Sociales del Valle de los Caídos, Madrid, 1971

14. GUTIÉRREZ GARCÍA, José Luis, *Introducción a la Doctrina Social de la Iglesia*, Ariel, Barcelona, 2001.

15. HEMUDA GUERRA, Roberto, *Globalización: el Gran Signo de Nuestros Tiempos (una visión filosófica jurídica)*, Tesis, Universidad Panamericana, Zapopan, México, 2004.

16. HERNÁNDEZ, Héctor, *Valor y Derecho*, Abeledo-Perrot, Argentina, C. IV.

17. HERVADA, Javier, *Cuatro Lecciones de Derecho Natural*, Eunsa, España, 1989.

18. HUNTINGTON, Samuel, *Choque de Civilizaciones*, Paidos, España, 1999.

19. JUAN PABLO II, Carta Apostólica *Octagesima Adveniens*.

20. JUAN PABLO II, Encíclica *Centessimus Annus*.

21. JUAN PABLO II, Encíclica *Sollicitudo rei socialis*.

22. JUAN XXIII, Encíclica *Pacem in Terris*.

23. JUAN XXIII, Encíclica *Mater et magistra*.

24. MAQUIAVELO, Nicolás, *El Príncipe*, Editorial Porrúa, México.

25. MARITAIN, Jacques, *El Hombre y el Estado*, Encuentro, España, 2002.

26. ORTIZ AHLF, Loretta, *Derecho Internacional Público*, Harla, México, 1994.

27. PINTO, Fray Mario Agustín, *La noción de bien común según la filosofía tomista*, en *Prudentia Iuris*, III, Revista de la Facultad de Derecho y Ciencias Políticas de

la Pontificia Universidad Católica Argentina Santa María de los Buenos Aires, abril 1981.

28. PÍO XII, *Levate capita*

29. PÍO XII, *Summi pontificatus.*

30. REYES HEROLES, Jesús, *Tendencias Actuales del Estado*, Tesis Profesional, México, 1944.

31. SÁNCHEZ AGESTA, Luis, *Teoría y realidad en el Conocimiento Político*, Granada, Universidad de Granada, 1944.

32. SARTORI, Giovanni, *La Sociedad Multiétnica*, Taurus, España, 1997.

33. SETTALA, Ludovico, *La Razón de Estado*, Fondo de Cultura Económica, México, 1988.

34. SILVA, Emilio, PE. *Legitimidad de la pena de muerte*, Parroquial de Clavería, México.

35. STIGLITZ, Joseph, *El malestar en la Globalización*, Taurus, Madrid, 1002.

36. STRAUBINGER, Juan, *Biblia Comentada*.

37. TISCHNER, Jòsef, *Ética de la Solidaridad*, Encuentro, Madrid, 1983.

38. TROZZO, Rafael, *Ama y haz lo que quieras*, Universidad Panamericana, México, 1999.

39. TRUYOL Y SERRA, Antonio, *La Sociedad Internacional*, Alianza, Madrid, 2001.

40. VIGO, Rodolfo Luis, *De la Ley al Derecho*, Porrúa, México, 2003.

41. VILLAPALOS, Gustavo, *El Libro de los Valores*, Planeta, Barcelona, 1997.